面向计算机辅助决策的供应链设计

刘 妍 冯 欣 张 昕 蒋振刚 著

科 学 出 版 社

北 京

内 容 简 介

本书针对供应链设计中的供应商选择问题，面向计算机辅助决策应用需求，通过案例分析、理论建模、框架设计、算法构建等多种方式对选择供应商的标准要素进行分析，对要素之间的关联和数据特征进行深入探讨，提出了基于影响力与绩效的供应商选择决策方案。本书以数据需求和方案可操作性为切入点，对现有的供应链设计决策方法和相关理论模型进行分析和总结，选择采用混合式方法策略解决供应商的多维度影响力与绩效量化问题，实现供应商分类，并推导和设定供应商的合作适应性度量，为供应链设计进行计算机辅助决策提供理论框架、分析标准、量化模型、计算方法及应用案例。本书附有英文缩写列表和供应商评估与选择文献分类两篇附录。

本书可供高等院校计算机、自动化、管理工程等相关专业的教师和学生阅读参考，也可作为相关领域科研人员参考用书。

图书在版编目(CIP)数据

面向计算机辅助决策的供应链设计/刘妍等著. —北京：科学出版社，2019.10

ISBN 978-7-03-062086-6

Ⅰ. ①面…　Ⅱ. ①刘…　Ⅲ. ①供应链－设计－计算机辅助设计　Ⅳ. ①F274-39

中国版本图书馆 CIP 数据核字（2019）第 179188 号

责任编辑：杨慎欣　韩海童 / 责任校对：彭珍珍
责任印制：吴兆东 / 封面设计：无极书装

科 学 出 版 社出版
北京东黄城根北街 16 号
邮政编码：100717
http://www.sciencep.com

北京中石油彩色印刷有限责任公司 印刷
科学出版社发行　各地新华书店经销
*
2019 年 10 月第　一　版　开本：720×1000　1/16
2020 年 1 月第二次印刷　印张：13
字数：258 000

定价：99.00 元

（如有印装质量问题，我社负责调换）

前　　言

供应商是企业供应链的重要组成部分，其所提供的绩效直接决定了供应链的整体性能和效率，进而影响企业的市场竞争力。如何选择供应商是企业供应链设计中的一项关键决策。通常所采用的决策方法是通过采用多种约束标准，如质量、价格、技术和财务状态，来考量供应商可能会提供的绩效。然而，供应商是否会在实际合作中持续稳定地提供良好的绩效则会受到供应商与企业的影响力关系的影响。因此，在供应链设计时不仅应考虑供应商的绩效，还应考虑双方影响力关系。

供应商相对定位分析方法通过建立绩效与影响力的关联模型，分析并展示了影响力如何影响绩效，以及绩效如何间接地提高或降低影响力；提出了基于买方与供应商合作程度（基本关系、操作关系、战术关系和战略关系）的四层标准分类法和绩效描述矩阵来分析供应商绩效；建立了一个影响力决定因子的识别模型并通过三种类型（客观、乐观和悲观）的感知来分析买方-供应商影响力关系；依据绩效和影响力的分析结果，最后将供应商定位到六个场景（理想型、满意型、容忍型、不合适型、风险型和棘手型）。对应的场景描述了供应商在多大程度上“适合”合作，即合作适应性。

为了解决方法论中的供应商绩效和影响力量化问题，本书进一步探讨现有决策方法并建立了混合式计算模型来分别进行多约束标准的绩效评估与多维度的影响力关系评估。本书提出的模型能够接受定性和定量约束标准，以及主观和客观数据，同时允许多个决策者进行判断决策。此外，本书还讨论并解决了计算模型中的主要问题，包括主观判断的表达、聚集三角模糊数、三角模糊数的去模糊化及检查模糊判断的一致性。

为了便于将理论成果计算机化，本书提出了适用于实现计算机辅助决策工具的系统框架，并开发了软件原型-绩效评估与影响力分析工具。通过应用研究结果和工具，降低了决策者在选择“合适”供应商方面的计算复杂度，提高了决策者的效率。虽然该工具是一个原型，但功能完整，适合在专家协助下使用。考虑软件的可扩展性，学术研究团体或企业可以通过重用软件中提供的功能来修改和扩展工具。

本书线索明确、结构合理、内容翔实，为供应商选择和供应链架构设计构建可行的理论方法基础，为供应链设计的计算机辅助决策提供了理论框架、分析标准、量化模型、计算方法及应用案例。

本书在成稿过程中得到了柳晓静同志的大力支持与帮助，在此向她表示感谢。

由于作者水平有限，书中不妥之处在所难免，恳请广大读者批评指正。

作　者

2019 年 3 月于长春

目　　录

第 1 章　绪　论

当前，市场竞争已经从公司与公司之间转移到了供应链与供应链之间（Christopher, 2011）。设计完善、高效的供应链对公司业务的成功起着至关重要的作用，而供应商所提供的绩效则是供应链保持性能和效率的重要因素（Johnsen, 2009; Echtelt et al., 2008）。因此，选择合适的供应商是供应链设计中一项关键决策。然而，这种决策却是一个复杂的过程。其既涉及能反映供应商可提供的绩效的“硬”约束标准，如质量、价格、技术和财务状态，也涉及影响供应商实际提供的绩效的“软”因素，如可供选择的供应商数量、采购量、转换成本或采购产品的重要性。这些软因素反映了买方公司和供应商在买方-供应商关系（buyer-supplier relationship）中对对方的影响力。Petersen 等（2005）[372]的比喻形象地描述了供应商选择的复杂性及困难性：

“供应商就像大海中的鱼。我们（买方）就是钓鱼者。我们面临的关键挑战是如何投放正确的诱饵，以便我们能够在正确的时间吸引正确的供应商来让他们帮助我们开发我们的产品。钓鱼存在几个问题：我们怎么知道我们用的是正确的诱饵？我们怎么知道水中的鱼是什么样的？最重要的是，当我们捕获一条鱼时，我们如何知道它是正确的鱼，以及我们应该保留它还是把它扔回水中？最后，如果我们决定保留它，我们怎么知道鱼会遵守它的承诺呢？”

（原文：“Suppliers are like fish in the ocean. We（the buyers）are the fishermen. The key challenge facing us is how to put out the right bait, so that we can pull up the right suppliers at the right time and get them to help us develop our products. There are several problems associated with fishing: How do we know we are using the right bait? How do we know the right kinds of fish are in the water? Most importantly, when we catch a fish, how do we know whether it is the right fish, and whether we should keep it or throw it back in the water? Finally, how do we know the fish will follow through with its commitments if we decide to keep it?"）

"捕获"到一个合适的供应商是合作中最重要的一步，因为公司与供应商需要一起创造价值，良好的供应商绩效大大提高了产品成功投放市场的机会，进而增加整个供应链的价值。本书讨论了如何将"硬"约束标准和"软"因素结合到一起用以选择合适的供应商，以数据需求和方案可操作性为切入点，对现有的供应链设计决策方法和相关理论模型进行了分析和总结，选择采用混合式方法策略解决供应商的多标准绩效与多维度影响力量化问题，实现对供应商的合作适应性度量，为供应商选择和供应链架构设计构建可行的理论及方法基础，为供应链设计的计算机辅助决策提供了理论框架、分析标准、计算方法及软件工具。本章以买方公司与供应商之间的影响力关系为着眼点来介绍将"软"因素融合到供应商选择的重要性。

1.1 问 题 背 景

德国大众汽车（以下简称大众汽车）在 2016 年发生的一起汽车零部件生产问题说明了买方公司与供应商间的影响力关系的重要性。

2016 年 8 月 17 日，大众汽车宣布削减沃尔夫斯堡（Wolfsburg）最畅销的高尔夫车型的生产，因为供应商 ES Automobilguss GmbH（以下简称 ES）公司拒绝交付制造变速箱所需的铸铁零件。同月早些时候，ES 的姊妹公司 Car Trim GmbH 已经停止向德国北部的大众艾姆登（Emden）工厂提供座椅套。大众在德国的六个工厂约 28000 名工人受到了这场供应商纠纷的影响。据估计，大众汽车沃尔夫斯堡总部停产一周将导致大约 1 亿欧元的毛利润损失。根据供应商的说法，争议的原因是大众汽车在取消合同后没有给出任何理由就拒绝提供赔偿。

经过20多个小时的谈判，大众汽车和两个汽车零部件供应商于8月23日达成协议，供应商同意恢复交货。供应商ES宣布，双方已经决定建立长期合作伙伴关系（至少还有6年），可确保ES公司600多个工作岗位。尽管争端已经解决，但该事件对其他供应商产生了连锁效应。

作为欧洲最大的汽车制造商，大众被认为处于强势地位。然而，这场纠纷却预示着大众汽车可能并不像其所预计的那样对他们的供应商具有足够的影响力（power）。例如，大众汽车此前曾表示，将通过使供应商降价来降低排放测试作弊丑闻带来的经济上的损失。然而，大众不应该假设供应商会接受任何需求而不抵抗。这场纠纷表明，出现问题最终承担后果的可能是买方（大众）而不是供应商。大众汽车因其规模、品牌效应和市场占有率而具有影响力。但是ES公司也因其产品的重要性及大众汽车与其他供应商建立生产关系所需的时间而在买卖双方中具有一定的影响力。ES公司所具有的影响力是大众及业内人士所忽略的，因此业界人士没有预料到供应商会与大众进行公开冲突。

同时，拥有影响力并不一定意味着会意识到并使用这种影响力。然而，如果想要使用影响力，公司需要知道究竟是其本身还是供应商在买方-供应商关系中拥有更大的影响力。越早了解这个相对关系，就能越好地处理双方的关系。

1.2　问题分析

Cox（2004, 2001, 1999）指出，买方公司（本书中买方均指买方公司）和供应商都处在一种被影响力包围的环境中。双方间的影响力关系（power relationship）影响它们在建立合作关系之前和之后的行为。例如，不能主导（dominate）零售商的制造商需要根据产品的零售价格决定其产品价格（Wei et al., 2013）。强大的供应商可能通过忽略买方的请求和支配买方的决定而将买方置于风险之中。供应商可能迫使买方分享技术知识（Cai et al., 2013），或者追逐更多运营利益和资源（Kim et al., 2006）。在买方主导的关系中，买方可以推动供应商通过创新改进产品和工艺（Brito et al., 2017）。Cox（1999）指出，丰田（Toyota）之所以能建立一个基于组装、需求拉动的准时生产系统，是因为它能够主导其供应商。这种主导使得丰田能够促使供应商接受其革新。

随着供应商在合作中的重要性不断提高，即其所提供的产品已从非核心职能扩展到关键业务活动，如研发、工程设计和制造（Gunasekaran et al., 2015; Holcomb et al., 2007）。这导致买方公司越来越依赖其供应商，而不断增加的依赖性又增加了公司在面对供应链风险时的脆弱性（Mital et al., 2018; Brusset et al., 2017），同时赋予了供应商在面对买方公司时的影响力。买方公司与供应商合作的目的是通过供应商提供的绩效来增加其自身的竞争力。然而，有的研究关注供应商选择的标准，包括标准的确定及标准对评估潜在供应商的影响。尽管有研究者在研究供应商选择时考虑到了影响力，例如 McCutcheon 等（2000）和 Lee（2009），但仅仅将其视为一个单一的约束标准，并可能进一步阻碍买方公司的运营（Huo et al., 2017）。与一个积极响应买方建议以改善绩效的供应商相比，一个具有良好绩效但主导买方公司的供应商其实可能是个更糟糕的选择。理想的情况是有能力的供应商由买方主导。然而，供应商能提供良好绩效的能力与其影响力正相关（Pai et al., 2010）。如何在绩效和影响力之间取得平衡成为供应商选择决策的一个关键问题。

传统的供应商选择方式是通过一系列的选择标准来评估可选的供应商，比如质量、价格和技术等。与此对应，在供应商选择过程中对影响力的考虑却局限于将影响力视为单一元素，例如 Lee（2009）的研究；或者被假定为已知元素，用以了解其对合作关系中的重要因素的影响，如信任（trust）和承诺（commitment）以及对合作伙伴决策的影响。实际上，“影响力”是一个由多重因素构成的复杂概念（Porter, 2008, 1979; Ireland et al., 2007; French et al., 1959）。在供应链关系中，影响力-依赖关系理论（Emerson, 1962）和资源-依赖理论（Pfeffer et al., 2003）是两个用以分析影响力的重要理论。这两种理论指明了影响力的来源，但决定改变影响力的因素却依然不明确。这就使得量化影响力并进一步将量化结果与绩效评估结果相结合具有很高难度。

1.3 研究问题

供应商选择受到了学术界的广泛关注。一些研究涉及供应商选择标准，包括标准的确定及其对评估潜在供应商的作用。这些标准反映了买方公司对其潜在供应商的关注点。尽管也存在与影响力相关的标准，例如 McCutcheon 等（2000）和 Lee（2009）的研究，但仅仅将影响力视为一个单一的约束标准，忽略了影响力关系定义的复杂性，也没有说明如何评估供应链中的影响力。因此，存在如下研究空白。

研究空白 1：缺少在评估选择供应商时考虑影响力的研究工作。

为了填补研究空白 1，本书提出了研究问题 1，将供应商选择和对影响力关系的理解进行融合。通过对绩效、影响力及两者交互的深入了解，将对影响力关系的理解融合到供应商评估中以帮助选择合适的供应商。

研究问题 1：如何通过考虑影响力关系来加强供应商的选择方法？

现有大多数学术研究都集中在利用一般性决策技术建立供应商选择的评估方法上。一些技术，如层次分析法，可以同时处理定性和定量标准，但是使用主观数据进行评估，这是来自决策者的主观判断。如逼近理想解的偏好排序法等一些技术在评估过程中可以使用客观数据，但无法考虑定性标准，除非将针对这些标准的主观判断转化成对应数值。模糊集合论是解决评价过程中主观数据不精确问题的一种常用方法，它允许评价方法采用定性标准。将模糊集合与决策技术相结合研究是目前研究的一种趋势，例如模糊 TOPSIS（Wu et al., 2013c; Boran et al., 2009; Chen et al., 2006）。然而，在某些情况下，这种模糊化会导致评估方法放弃客观数据，基于上述分析存在如下研究空白。

研究空白 2：需要一种决策方法，它可以处理多标准、多判断以及客观和主观的数据。

为了填补研究空白 2，本书提出了研究问题 2。通过分析现有的方法及模型可以帮助回答该问题。

研究问题 2：如何在供应商评估方法中将定性、定量标准及主观、客观数据集成？

关于影响力的研究有三个主要理论：影响力-依赖关系理论（Emerson, 1962）、Porter 的五力模型（Porter, 2008, 1979）及 French 的五大影响力基础（French et al., 1959）。这些研究阐述了买方-供应商关系中的影响力来源。同时，也存在大量研究分析影响力对供应链的影响，包括定价策略和成本控制（Wei et al., 2013; Kwak et al., 2006; Munson et al., 1999）、库存策略（Bichescu et al., 2009）、信息交换（Cai et al., 2013）、运营控制（Munson et al., 1999）及关系质量（Liu et al., 2015; Zhao et al., 2008; Benton et al., 2005）等。然而，关于影响力量化的研究非常少，如 Cho 等（1994），Cox（2004, 2001）和 Zolghadri 等（2011b）的研究。第 3 章将详细讨论这些量化方法的局限性。现有相关研究存在研究空白 3。

研究空白 3：对（潜在）买方-供应商关系中的影响力缺乏有效的定量评估方法。

为了填补研究空白 3，本书提出了研究问题 3。通过分析确定影响力的决定因素，可以对其进行量化，并根据供应商和买方影响力的结果分析其对供应商评估和选择的影响。

研究问题 3：如何评估买方和供应商之间的影响力分配？

供应商评估与选择涉及大量的运算，因此需要软件工具的辅助。然而目前存在的软件工具要么为通用计算类，如 MATLAB，要么仅实现了某单一的决策方法，如 Expert Choice。现有相关研究存在研究空白 4。

研究空白 4：缺少专门用于供应商评估和选择的软件工具。

为了填补研究空白 4，本书提出了研究问题 4。该问题的回答依赖前面 3 个研究问题的解决方案，需要在方法建立时就考虑软件的设计与实现。

研究问题 4：如何开发支持供应商评估与选择的软件工具？

第 2 章　供应商选择问题

供应商选择是一个决策问题，其目的是确定能提供公司所需产品的供应商。目前大多数研究更关注在供应商所能提供的“硬”绩效标准上建立评估模型。本章通过文献综述探讨了在供应商评估和选择中考虑了哪些标准，以及如何根据不同的标准评估供应商。本章首先介绍供应链相关概念，然后介绍供应商选择的一般问题，并对已发表的有关这一主题的学术文献进行综述；接着，探讨评估和选择的标准，以了解其内容及变化；最后从数据需求和易用性两个方面讨论现有的方法，目的是找到合适的技术来构建一个简单实用的模型。

2.1　关 键 概 念

选择供应商进行合作是一个关键的决策问题（Viswanadham et al., 2013）。为了理解这一问题，本节从供应链及其结构、供应商选择和决策过程，以及供应商评估与选择研究概述三个方面来介绍关键概念，并且概述有关供应商决策的研究现状。合作被认为是一个广泛而具有涵盖性的术语（Barratt, 2004）。为此，本书采用 Simatupang 等（2002）的定义，即合作为两个或多个公司协同规划和执行供应链操作。

2.1.1　供应链及其结构

供应链由一组相互依赖的实体构成，这些实体直接参与产品、服务、财务和信息流活动（Mentzer et al., 2001; Harland, 1996; La Londe et al., 1994）。图 2-1 展示了一个典型的制造业供应链（Mentzer et al., 2001）。在这个供应链中，供应商提供原材料和组件以支持产品开发和制造；第三方金融服务商提供融资和财务咨询；第三方物流供应商在核心公司与其客户之间执行物流活动；市场调研机构则为核心公司调查消费者行为。服务供应链与制造业供应链相似，但其交换的产品是服务而不是有形产品。

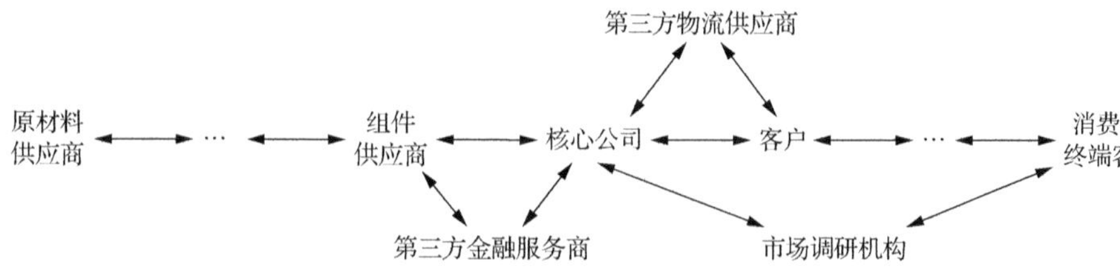

图 2-1　典型的制造业供应链举例

随着供应链中资源的流动，在买方和供应商之间发生了一系列的交换（exchange），这些交换活动增加了产品或服务的价值（Cox et al., 2001）。这种“增加价值”的活动又引出了另一个相似的概念——价值链。Kaplinsky 等（2001）认为价值链描述了不同阶段（包括概念设计、生产、交付与回收处置等）所需的全部活动。Cox（1999）认为价值链描述了从消费者到初始供应商的收益流，其为供应链的每个阶段输入价值。供应链和价值链在物理结构上是相同的。图 2-2 展示了两者的交换关系，这种关系将所提供的资源与他们的价值紧密结合。

供应链的关注点是如何整合上游的供应商和买方过程来提高效率，其强调买方与供应商的关系（Cox, 2001）。价值链专注于创造价值，其关注点从供应商转移到客户。在很多文献中供应链与价值链常被视为同义词（Lysons et al., 2012）。事实上，“增值”的概念也适用于供应链管理。全球供应链论坛将供应链管理定义为“从提供为客户增值的产品、服务和信息的原始供应商到最终用户及其他利益相关方的关键业务流程的集成”（Lambert et al., 1998）。

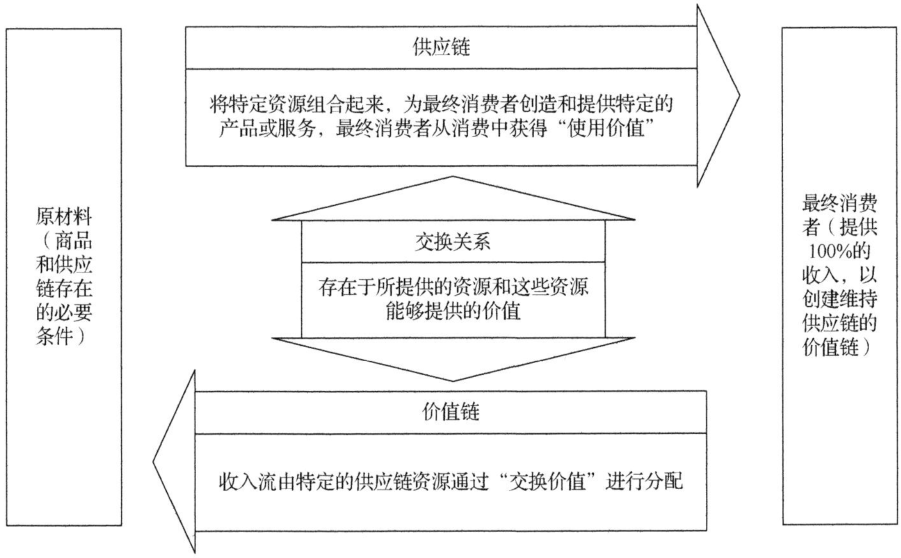

图 2-2　供应链与价值链的映射

供应链的分析通常从核心公司的角度出发，其他供应链实体的角色大致可分为供应商和客户。在本书中，核心公司是买方-供应商关系中的买方，客户特指买方公司的买方。供应链网络的结构如图 2-3 所示。Lambert 等（1998）指出在设计供应链时需要考虑三个要素：①供应链成员，即谁是供应商和客户。②结构维度，即供应链的层数、每一层中的成员数和公司的水平位置。该水平位置指核心公司到供应源或到最终客户的距离。③连接供应链参与者之间的不同类型的业务流程。

一级供应商与核心公司进行直接互动，因此在建立供应网络时核心公司会对这类供应商进行严格的评估和选择。供应商提供各种类型的产品，包括专有部件（由供应商开发的标准化产品）、黑匣子部件（由供应商和买方共同开发）和详细控制部件（由供应商负责许多功能规范和详细工程的产品）（Clark et al., 1991）。Kamath 等（1994）根据供应商的职责细化了四类供应商角色：合同供应商提供标准零件并作为买方制造能力的延伸；子供应商提供简单的装配，并执行买方的设计要求；成熟的（完整的系统）供应商进行复杂的组装，会根据规范开发系统，并可能提出解决方案；合作伙伴（全服务）供应商则提供整个子系统，甚至在概念阶段之前就参与规划新模型和设计。这四种类型表明了买方-供应商关系从契约关系到完全伙伴关系的发展路径（Petroni et al., 2002）。不同类型的供应商在评估时所采用的衡量标准不同（Stremersch et al., 2001）。

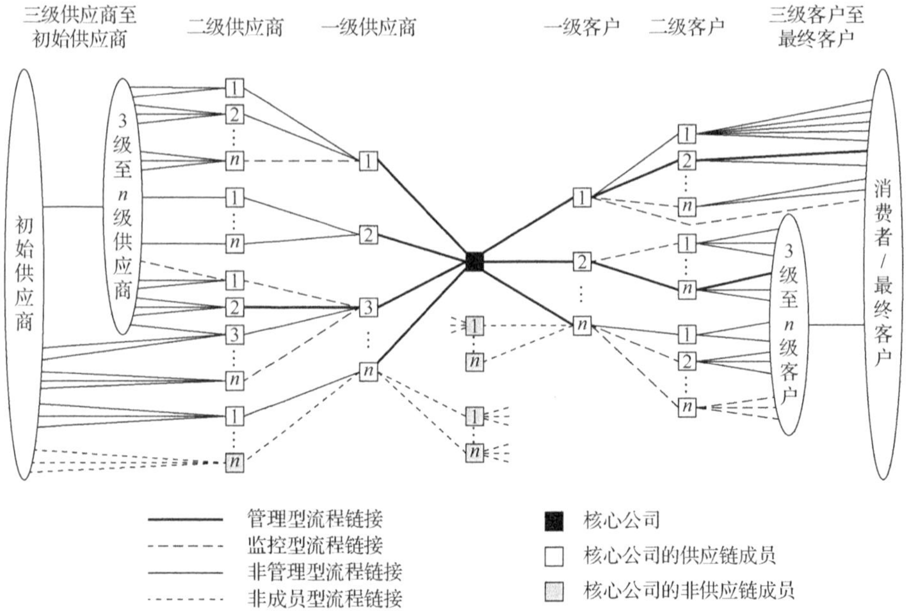

图 2-3　供应链网络结构及业务过程链接

2.1.2　供应商选择和决策过程

决策可被定义为根据需要而进行的有目的且经过深思熟虑的选择，其过程包括问题识别、确定可能的解决方案以及方案评估（Kleindorfer et al., 1993）。许多技术可以支持决策过程，如多准则决策分析方法、数学编程法和人工智能。

供应商选择是一个决策问题，其过程遵循 de Boer 等（2001）提出的决策的四个阶段（图 2-4）：①问题定义，即确定选择供应商的需求；②标准定义，即制定评估潜在供应商或现有供应商的标准；③资格筛选，即确定符合标准的供应商子集；④最终选择，根据评估结果及其绩效排名确定最终供应商。

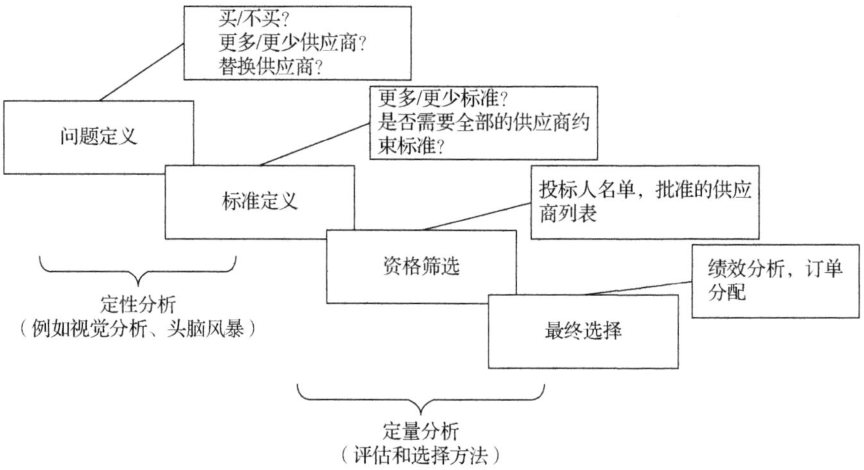

图 2-4　供应商选择决策过程

为了实现最终选择，供应商评估是在关系建立之前由买方进行，以确保潜在供应商能够可靠地满足技术、财务和商业要求（Lysons et al., 2012）。文献中另一个类似的术语是供应商评价，它发生在选择之后。供应商评价是建立买方-供应商关系后的采购绩效评价（Lysons et al., 2012）。这两个术语通常会被互换使用。在选择潜在供应商时，很多研究者使用“评价”一词，比如 Azadnia 等（2014）、Lima 等（2014）、Pitchipoo 等（2012）、Shemshadi 等（2011）、Sevkli（2010）、Razmi 等（2009）、Bevilacqua 等（2006）、Chen 等（2006）、Noorul 等（2006b）和 Chan（2003）。实际上，对潜在供应商的评估可能会涉及对其绩效的任何类型的评价，而且对现有供应商的评价通常会变成对它们是否可以做得更好的评估。Lysons 等（2012）指出“评价有助于决定何时从批准的清单中保留或删除供应商，并有助于决定应向哪些供应商下订单”。而这种“评价”在某种程度上也涉及供应商的选择。基于以上对供应商评估与评价的区别，本书提出的方法和工具对两者都可以支持。由于本书研究的重点是供应商选择，因此使用术语“评估”一词。

不同的采购情况会导致不同的选择场景。de Boer 等（2001）认为在新任务情况下，通常只有少量的初始供应商可供选择，其中涉及许多选择标准，但没有历史记录可以参考。在重新购买常规产品（可能会有一些更改）时，可供选择的供应商则会相对比较多。而如果面对重新购买战略性或瓶颈性产品时，则通常会有一小部分可选供应商。当只有少数供应商可供选择时，更现实的做法是通过评价而不是评估选择来分析供应商。基于供应商集合大小可以识别出两个选择场景，如图 2-5 所示，其中 Si（$i=1,2,\cdots,n$）代表供应商，FC 代表买方核心公司。

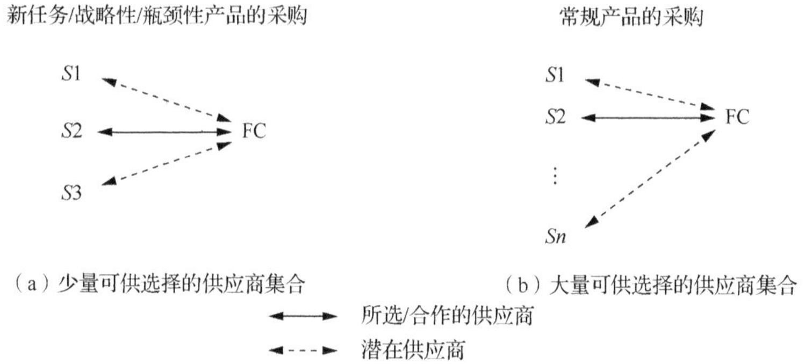

图 2-5　供应商选择场景

在场景图 2-5（a）只有少数供应商可供选择时，应考虑影响绩效和建立供需关系的问题。例如，这种少量供应商的情景会在谈判中提升供应商的议价能力（Porter, 2008; Caniëls et al., 2007; Cox, 2004）。所采购产品的重要性（Porter, 2008; Cool et al., 1998）、供应商较高的技术水平（Sheu, 2014; Caniëls et al., 2009）及被客户喜欢的品牌效应（Kähkönen et al., 2011; El-Ansary et al., 1972）都会增加供应商的影响力。在场景图 2-5（b）有众多供应商可以选择时，则可以进行预筛选来缩小供应商集合，降低决策者评估选择供应商所付出的代价。

2.1.3　供应商评估与选择研究概述

供应商选择问题受到学术界和行业界的广泛关注。从 de Boer 等（2001）提

标准在制造业的重要性。表 2-1 中“Dickson”一列为 Dickson（1966）对这些标准的排名，“Weber”一列为 Weber 等（1991）对这些标准的排名。

表 2-1　Dickson 的 23 个约束标准及排名

序号	标准	解释	排名	
			Dickson	Weber
1	质量	供应商符合质量规格的能力	1	3
2	交付	供应商符合指定交付计划的能力	2	2
3	历史绩效	供应商的历史绩效	3	9
4	保证和索赔政策	供应商提供的保证和索赔政策	4	23
5	生产设备和能力	供应商的生产设备和能力	5	4
6	价格	供应商提供的净价（包括折扣和运费）	6	1
7	技术能力	技术能力（包括研发设施和研发能力）	7	6
8	财务状况	财务状况和信用等级	8	9
9	程序依从性	依从买方程序（竞标和操作）的可能性	9	15
10	通信系统	通信系统（包含订单的进度数据信息）	10	15
11	业内的声誉和地位	供应商的业内地位（包括领导力与声誉）	11	8
12	业务意愿	供应商对买方所提供业务的合作意愿	12	21
13	管理与组织	供应商管理与组织的状况	13	7
14	生产控制	生产控制（包括报告、质量控制与库存管理系统）	14	13
15	维修服务	所提供的维修服务	15	9
16	态度	对买方组织的态度	16	12
17	印象	买方通过个人联系对供应商的印象	17	15
18	包装能力	满足买方打包要求的能力	18	13
19	劳资关系	供应商的劳资关系记录	19	15
20	地理位置	地理位置	20	5
21	过去业务量	供应商过去业务量记录	21	21
22	培训	供应商的产品在使用中所能提供的培训和教育课程	22	15
23	互惠安排	供应商今后合作的可能性	23	15

Weber 等（1991）所发现的标准重要性的改变主要是由于当时准时生产方式

的出现以及业内对该方式的重视。供应商的角色从物理组件供应商转变到技术提供商或问题解决者（Helander et al., 2008; Petroni et al., 2002）。其活动也从供应产品扩展到产品的设计和开发（Helander et al., 2008; Laseter et al., 2002）。供应商的重要性日益增加，这就导致核心公司需要采用更多的标准来更仔细地评估和选择。

为了进一步了解分析选择标准的内容，本书回顾了 18 篇有关标准的文献调查类文章，以及 12 篇关注分析建立供应商的评估方法但建立了完善选择标准的文章。表 2-2 以 Dickson 的 23 个标准为基准，总结分析的结果。序号 1～23 对应了表 2-1 中的标准；“N”代表增加了新的标准；“√”表示该文章采用了这一标准；“√√”表示该文章扩展了这一标准。这些文章中的标准与 Dickson 标准的对应关系是基于本书作者对它们关注点的判断。例如，“供应商分享信息和专业知识的意愿”被视为 Dickson 的“业务意愿”。作为更通用的术语“服务”一词取代了 Dickson 的“维修服务”。

如表 2-2 所示，“技术能力”（序号 7）是被引用最多的、最频繁扩展的标准，其次是“质量”（序号 1）、“交付”（序号 2）、“服务”（序号 15）、“价格”（序号 6）和“生产设备和能力”（序号 5）。供应商参与新产品的开发过程解释了为什么要详细考虑这些特定标准，特别是技术能力。“供需双方企业文化的兼容性”和“管理理念的匹配”经常被作为新增标准出现，因为它们与买方-供应商关系从独立到战略伙伴的演变相对应。由于越来越强调可持续和绿色供应链，在评估过程中也会出现与环境有关的因素。同时，术语“影响力”“承诺”和“信任”也在评估和选择长期供应商时出现，例如 Sarode 等（2010）、Inemek 等（2009）和 Lee（2009）。这些代表买方-供应商关系属性的术语也成为了评估与选择所考虑的新标准。

表 2-2　基于所选文献的选择标准内容分析

文献	1	2	3	4	5	6	7	8	9	10	11	12	13	14	15	16	17	18	19	20	21	22	23	N
Pearson 等（1995）						√	√√	√					√							√				√
Choi 等（1996）	√√	√√			√	√	√√	√√		√	√				√√									√
McCutcheon 等（2000）			√				√√					√												√
Wang 等（2005）	√√	√			√	√√	√√					√			√					√				√
Pidduck（2006）							√√	√		√		√√					√							√
Hsu 等（2006）		√		√√		√	√√	√		√	√	√			√					√				√
Şen 等（2008）	√√	√√	√	√	√√	√√	√√	√	√	√	√	√	√	√	√	√	√	√	√	√	√	√	√	√
Inemek 等（2009）	√√	√√	√	√	√	√√	√√	√				√	√		√√					√				√
Ng（2010）	√√	√	√	√	√	√	√√	√			√	√√	√		√√					√				√
Wu 等（2010）	√√	√√	√			√√	√√	√√				√	√		√√				√√					√
Kim 等（2010）	√	√	√	√		√	√√		√		√				√√		√			√	√			
Sarode 等（2010）	√	√	√	√√	√	√	√√	√√		√	√√				√√	√		√						√
Ho 等（2010）	√√	√√				√√	√√	√			√		√		√									√
Çağliyan（2011）	√	√√			√√	√	√√																	
Koufteros 等（2012）	√√					√	√√																	
Genovese 等（2013）	√√	√√			√√	√√	√√			√√					√√								√	√
Rezaei 等（2012b）	√√	√	√	√	√√	√√	√√	√√	√	√√	√	√√	√√	√	√√	√√	√	√√	√	√	√	√	√	√

续表

文献	1	2	3	4	5	6	7	8	9	10	11	12	13	14	15	16	17	18	19	20	21	22	23	N
Ordoobadi（2009）	√√	√√				√	√√			√	√				√	√								√
Lee（2009）	√√	√√	√		√√	√√	√√	√		√					√									√
Aydın 等（2010）		√			√	√	√√	√										√	√	√				√
Ravindran 等（2010）	√	√√			√	√	√√	√							√									√
Vinodh 等（2011）	√	√		√	√			√			√	√	√		√									√
Chen（2011）	√√	√√				√√	√√								√√									√
Vahdani 等（2012）	√√				√√			√							√√			√		√				√
Zouggari 等（2012）	√	√				√	√				√				√√					√				√
Amin 等（2012）	√	√	√	√	√	√√	√√	√	√	√	√	√	√	√	√√	√	√	√	√	√	√	√	√	√
Omurca（2013）	√√	√				√√	√√						√											√
Kasirian 等（2013）	√√	√√			√√	√√	√√			√						√	√							√
Kumar 等（2014）	√	√	√			√				√	√									√				√

2.2.2 标准的选择

现有文献研究表明约束标准的数量和范围不断增加。买方面临的一个实际问题是在具体情况下应该采用什么样的标准。在所分析的文献中，其在选择标准时主要考虑供应商整合与集成、合作持续时间或两者的混合。供应商整合是指通过将供应商的外部执行工作与组织的内部工作流程进行集成的各种实践来实现的协同状态（Das et al., 2006; Bowersox et al., 1999）。合作持续时间是衡量公司和供应商之间合作有效性的时间。

在考虑供应商整合来进行标准选择时，不同的学者采用不同的标准分类方法以帮助供应商选择。Ghodsypour 等（1998）建议根据供应商集成的五个级别对标准进行分类。第一级别，即最低级别，假设买方和供应商之间没有整合，买方和供应商处于单纯的买卖关系，其中价格和质量是最重要的标准。第二级别则为物流集成，其主要考虑可靠性和产品交付能力。第三级别是操作集成，其特点是全面实现了准时制生产/全面质量管理系统，因此生产和工艺能力为优先考虑的标准。第四级别为更深层次的集成，其中买方与供应商在过程和产品上都进行了整合。在这个层次上，供应商的人力资源，如设计能力、管理能力和文化等，都将与核心公司进行集成。第五级别是买方和供应商之间形成商业伙伴关系，在企业的战略决策中起着重要作用。在这个层面上，供应商的能力与买方的业务方向的一致性成为焦点。

Gunasekaran 等（2004）提出了一个在操作、战术和战略层面上对标准进行分组的框架方法。操作层处理精确的操作数据，这些数据代表了基于诸如交付可靠性和避免投诉的能力等标准下的决策。战术层面关注的是中层管理决策，如采购订单周期效率、质量保证方法和产能柔性。在战略层面上，高层管理的决定影响长期计划和活动。然而，这三层决策框架并不包括买方和供应商处于纯粹买卖关系的情况。

Chen（2011）建议根据企业与供应商整合的三个层次来选择供应商的分类标准。目标整合是根据政策和战略目标与供应商进行整合，相关标准包括质量、成本、交付、服务和组织文化。企业过程/系统集成要求企业及其供应商进行过程集成和应用系统集成，应考虑诸如技术和生产能力等标准。组织整合的重点是那些与关系管理相关的标准，包括技术合作和市场合作。

上述研究分类标准的依据是这些标准对买方与供应商整合的贡献。有些研究根据合作的持续时间来划分标准，例如 McCutcheon 等（2000）。短期和长期的关系对建立供应商选择评估模型的影响是不同的。Wu 等（2013a）、Dotodi 等（2012）、Aydın 等（2010）和 Guneri 等（2009）重点关注建立长期关系时的标准，包括质量、成本、交付、服务、生产、技术、地理和组织管理。

Chan（2003）提出了同时考虑与供应商集成和合作时间范围来分类的标准，该分类方法根据买方-供应商交互的五个层次。在临时的基本关系层次上，交互的价值非常低，买方要求供应商提供非关键产品，其主要考虑的是成本和质量。在临时操作关系层次，交互主要集中在有关产品设计的方面。在周期性操作关系层次，交互关注产品和过程，需要考虑体现了制造、技术和科技能力的标准。在长期的战术关系层面，对产品和过程有更深层次的思考，交互关注人力资源的能力及其企业内部产品和过程控制。在长期的战略关系层面，买方可以与供应商充分互动或合作，影响买方-供应商关系的标准则应考虑。表 2-3 总结了基于上述分析的供应商选择标准的分类，其中，NA 表示该文献没有说明使用的研究方案。

表 2-3　标准分类总结

分类	文献	分类细节	研究类型	研究方法	工业领域
供应商集成	Ghodsypour 等（1998）	供应商集成的五个级别	概念分析但有实际应用意义	NA	JIT 制造
	Gunasekaran 等（2004）	战略、战术与操作三个层次	经验分析	数据收集与分析	一系列工业领域
	Şen 等（2008）	供应商集成的五个级别	经验分析	案例研究	制造/电子工业
	Chen（2011）	企业集成的三个层次	经验分析	案例研究	纺织业
	Ertay 等（2011）	订购与接收，共同设计生产流程，合作设计新产品	概念分析但有实际案例应用	NA	制药工业
	Rezaei（2012a）	对抗、合伙、合资、纵向整合	概念分析	NA	NA
合作持续时间	McCutcheon 等（2000）	基于合同的买卖关系、长期关系	经验分析	调查	制造与服务业
集成与合作时间	Masella 等(2000)	短期/长期物流/战略整合	概念分析	NA	NA
	Chan（2003）	买方-供应商交互的五个层次	概念分析但有实际应用意义	NA	制造
	Chang（2013）	长期合作伴随中层至高层管理、短期合作伴随低层管理	经验分析	案例研究	制造/塑料制品
其他	Smith（2007）	非战略性产品、战略性合作伙伴关系	概念分析	NA	制造
	Chou 等（2008）	供应链类型：精益、敏捷、混合	经验分析	案例研究	制造/电子产品
	Wu 等（2013b）	经验型供应商、可依赖型供应商、单纯交易型供应商、风险性供应商	经验分析	数据收集与分析	制造

在这些分类中，供应商集成的五个级别（Ghodsypour et al., 1998）和买方-供应商交互的五个层次（Chan, 2003）是相对比较完善的分类方法。尽管 Ghodsypour 等（1998）没有像 Chan（2003）的分类一样明确地将时间范围纳入分类法中，但这两种分类方法仍存在很多相似之处。在第一级/层都指传统的买卖关系，不存在集成或合作。在第四级/层，两者都注重人力资源对产品和过程的控制。在第五级/层，双方都强调战略伙伴关系。

这两种分类法的主要区别在于第二级/层。Chan（2003）关注产品的设计方面，以满足客户对外观和大规模生产的成本要求；而 Ghodsypour 等（1998）则更多考虑物流方面。两者都在第三级/层考虑操作方面，包括生产时间和过程能力。但是 Chan（2003）是从产品和制造过程的视角出发，而 Ghodsypour 等（1998）

强调 JIT/TQM 的全面实现。其集成的某些层次可以反映协作的持续时间，例如，买方通常会与战略合作伙伴保持长期的关系。然而，长期关系也可能存在于基本或业务操作关系层面。

2.2.3 定量、定性标准与客观、主观数据

供应商评估和选择的约束标准分为定量标准或定性标准，而针对各标准用于评估分析的数据可分为客观数据和主观数据。图 2-7 显示了标准与数据的关系。定量标准是可以用数字来衡量的，例如价格和交货时间。客观数据由事实转化为数值用于评估，这些数值是通过客观计算得出的。定性标准是通过表达而不是数字来测量的。例如，标准服务和技术能力通常被表达为“高”“中”“低”。这些语言表达可以用数字来表示，比如“5”代表“高”，“3”代表中，“1”代表低，然而这些数字是基于专家判断的主观数据。

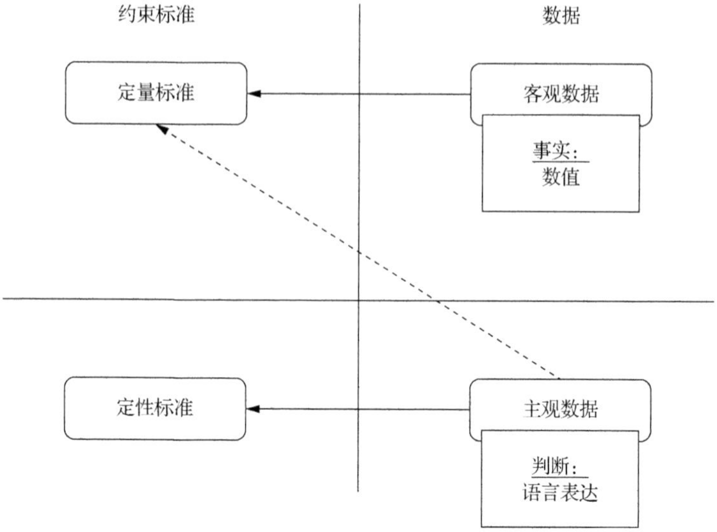

图 2-7　标准与数据分类

在某些情况下，很难确定一个标准是定量标准还是定性标准，因为这取决于

决策者如何看待它，以及可获得什么信息。例如，如果质量是由缺陷率定义的，那么它是定量的；如果质量被视为与设计规范的一致性，那么这个标准就是定性的。此外，理论上的定量标准可以通过基于判断的定性值来表达。以交货时间为例，如果供应商只提供了一个时间段，如 7～14 天，决策者可以使用诸如高、中或低的语言表达来描述所提供的绩效。主观数据在供应商评估中的使用会影响评估方法的选择。同时，评估方法也影响在评估选择过程中需要使用什么类型的数据。

2.3 供应商评估与选择的方法

选择标准决定哪些方面要评估，而方法决定如何评估。本节探讨已被应用于供应商评估和选择的决策方法。本节在数据需求和易用性方面讨论了一些有代表性的方法。本书将数据需求定义为使用该方法需要什么数据或信息，而将易用性定义为该方法的实用性，尤其是其是否易于应用。

2.3.1 决策方法及数学模型分类

有大量的文献详细介绍了供应商评估和选择的方法。本书根据如下两个标准分析了 180 篇文章：①在 2004～2015 年发表的文章或在 2004 年之前发表但被高度引用的文章；②重点在建立评估和选择工具的文章。如图 2-8 所示，本节根据文章所应用的抉择方法对文章进行分组。这些文章的主要贡献以及如何应用这些方法/模型在附录 B 中列出。图中方法后括号内的数字表明该类方法下的文章数量。由于存在同一文章采用不同决策方法来进行对比，例如，Athawale 等（2009）对 AHP 和 TOPSIS 进行了比较，因此在归小类时，该文章会被分别计入不同类别下，即“成对比较”和“折中法”，但在最后大类统计时只算成一篇。

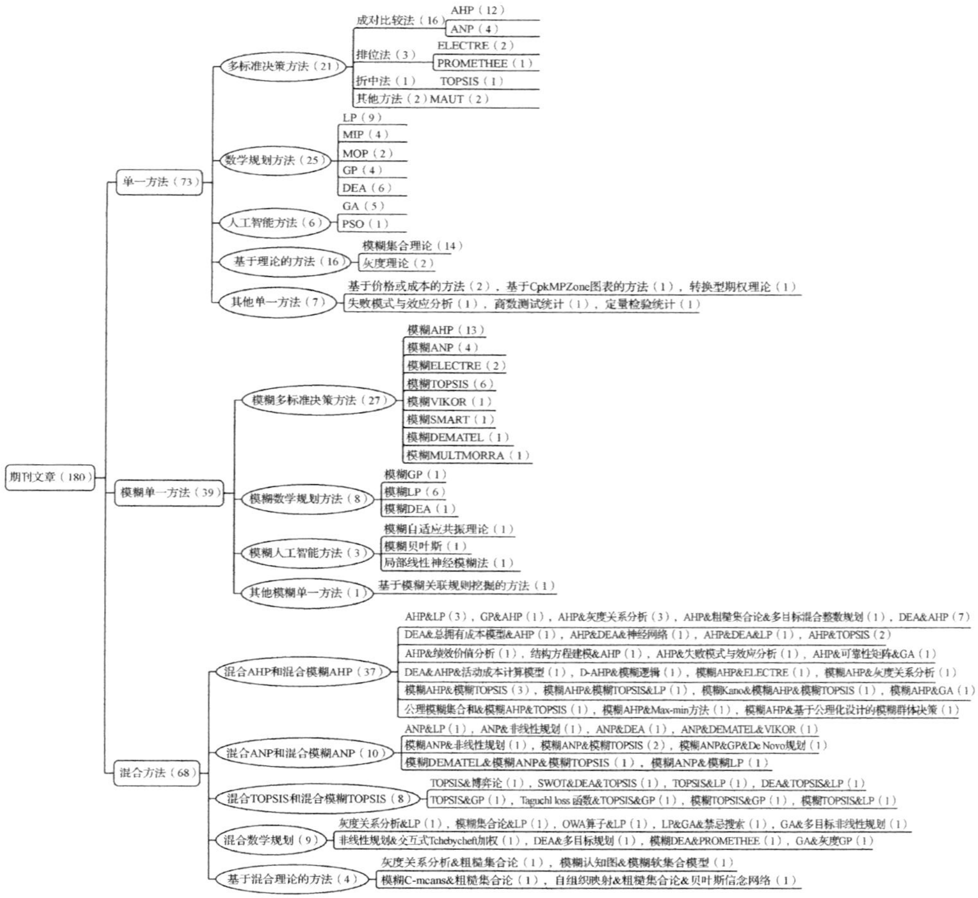

图 2-8 供应商评估与选择方法分类

图 2-8 总结归纳了三大类方法：单一方法、模糊单一方法与混合方法。每个标签后的数字表示该组中的文章数量。

- 单一方法：基于单一决策技术的供应商评估与选择方法。
- 模糊单一方法：将模糊集合理论与单一决策技术结合而成的方法。
- 混合方法：基于两种及两种以上决策技术的方法。

在单一方法分组中，可依据文献所使用的具体决策技术进行进一步分类（Karsak et al., 2016; Chai et al., 2013）。这些决策技术包括多准则决策技术、数学规划技术、模仿人类认知过程的人工智能技术及基于理论的技术。MCDM 技术和 MP 技术都是通用的决策技术，其不仅限于供应商选择。基于不同 AI 技术的供应商选择模型的基本原理是利用历史数据对系统进行训练，以便在类似情况下进行选择。基于理论的技术主要来自两个理论——模糊集合理论和灰度理论，它们都旨在处理一系列领域中信息的不确定性、不精确性和模糊性。单一方法分组共有 73 篇文章，其中 12 篇采用 AHP。与其他 MCDM 方法相比，AHP 在供应商选择中的应用最为广泛（12 篇文章采用 AHP 作为单一解决方案，50 篇文章采用 AHP 与其他技术集成作为解决方案）。模糊集合理论和灰度理论都能解决决策中的模糊性，但前者比后者更受欢迎，其中 14 篇文章采用前者，2 篇文章采用后者。

在模糊单一方法分组中，最普遍采用的是集成模糊集合理论和层次分析，即模糊 AHP。在 39 篇文章中有 13 篇采用模糊 AHP。其次为模糊数学规划方法和模糊 TOPSIS，分别有 8 篇和 6 篇文章采用这两种模糊方法。

混合方法分组的 68 篇文章根据前两组的技术进行进一步分类。37 篇文章选择 AHP 作为建立供应商评价和选择模型的技术之一，而 10 篇文章将网络分析法与其他方法相结合。用于构建混合供应商选择模型的另外两种经常采用的技术是 TOPSIS（8 篇文章，不包括“混合 AHP 和混合模糊 AHP”方法中的 8 篇和“混合 ANP 和混合模糊 ANP”方法中的 3 篇涉及 TOPSIS 的文章）和 MP（9 篇文章，不包括“混合 AHP 和混合模糊 AHP”方法中的 16 篇和“混合 ANP 和混合模糊 ANP”方法中的 6 篇涉及 MP 的文章）。

2.3.2 方法及模型的数据需求分析

从图 2-8 中可以看出，供应商评估和选择的方法有很多种。其中一些方法容易理解和应用，如 AHP。有些方法如 MP 则比较复杂，需要决策者建立计算的目标函数公式。一些模型可能使用起来比较简单，但在使用之前需要大量知识来构建。例如，当使用人工智能技术来建立供应商选择模型时，需要计算机科学知识。为了理解数据需求和易用性，表 2-4 总结了一些有代表性的方法和模型（主要基于参考文章的数量）。

表 2-4 供应商评估与选择的方法分析

	方法	数据需求					易用性		
		所能接受的标准		用于计算的数据			基本逻辑	计算复杂性	决策者所需代价
		定量的	定性的	客观的	主观的	其他			
单一方法	AHP	√	√	—	√	判断	成对比较	矩阵相关计算	比较相对重要性
	ANP	√	√	—	√	判断	成对比较	矩阵相关计算	比较相对重要性；分析元素间关联；定义关联元素集群
	ELECTRE I	√	√	—	—	标准权重	基于高于关系排序（outranking）：*a* 至少和 *b* 一样好	基本数学计算	定义不一致集、一致性指数和不一致指数的阈值
	TOPSIS	√	特定条件下	√	将主观判断转化成特定数值	—	折中（compromise）：与理想方案的差距	向量归一化	针对定性标准给出供应商绩效的相应判断数值
	通用 MP	√	特定条件下	√	将主观判断转化成特定数值	—	决策问题数学公式化	需要如 Excel 这类工具辅助计算	针对定性标准给出相应的判断数值；定义目标函数、约束；了解辅助工具的使用，如 Excel Solver
	数据包络分析	√	特定条件下	√	将主观判断转化成特定数值	—	决策问题数学公式化	需要如 Excel 这类工具辅助计算	针对定性标准给出相应的判断数值；定义目标函数、约束；了解辅助工具的使用，如 Excel Solver
	遗传算法	√	特定条件下	√	将主观判断转化成特定数值	—	模拟自然选择机制与自然遗传学	需要软件程序实现来进行计算	针对定性标准给出相应的判断数值；需要编程
	模糊推理系统	√	√	√	√	模糊集合	推理：IF-THEN 规则	需要辅助工具，如 MATLAB	定义规则及模糊集合

续表

	方法	数据需求					易用性		
		所能接受的标准		用于计算的数据			基本逻辑	计算复杂性	决策者所需代价
		定量的	定性的	主观的	客观的	其他			
模糊单一方法	模糊 AHP	√	√	—	√	判断	成对比较；模糊集合替代精确值	矩阵相关计算；模糊集合相关计算	比较相对重要性
模糊单一方法	模糊 ELECTRE	√	√	—	—	标准权重	排序；模糊集合替代精确值	模糊集合相关计算	定义不一致集、一致性指数和不一致指数的阈值
模糊单一方法	模糊 TOPSIS	√	√	—	√	判断	折中：与理想方案的差距	向量归一化；模糊集合的聚集合去模糊化	给出供应商绩效的相应判断数值
模糊单一方法	模糊 MP	√	特定条件下	√	将主观判断转化成特定数值	—	用模糊集及其隶属函数构造目标和约束	需要如 Excel 这类工具辅助计算	定义隶属度函数；定义目标函数、约束；了解辅助工具的使用，如 Excel Solver
混合方法	模糊 AHP & 模糊 TOPSIS	√	√	—	√	判断	成对比较；模糊集合替代精确值；折中：与理想方案的差距	向量归一化；模糊集合的聚集合去模糊化	比较相对重要性，给出供应商绩效的相应判断数值
混合方法	AHP & MP	√	特定条件下	√	将主观判断转化成特定数值	—	成对比较；决策问题数学公式化	矩阵相关计算；需要如 Excel 这类工具辅助计算	比较相对重要性；针对定性标准给出相应的判断数值；定义目标函数、约束；了解辅助工具的使用，如 Excel Solver
混合方法	DEA & TOPSIS	√	特定条件下	√	将主观判断转化成特定数值	—	决策问题数学公式化；折中：与理想方案的差距	需要如 Excel 这类工具辅助计算；向量归一化	针对定性标准给出相应的判断数值；定义目标函数；了解辅助工具的使用，如 Excel Solver

注：“√”表示该方法能够处理该类型的标准和数据

2.4 本章小结

供应商选择是一个复杂的决策问题，如 2.2 节所讨论，在评估供应商时会涉及众多的约束标准；同时，如 2.3 节所示，选择合适的评估方法也决定了能够处理何种标准（定性还是定量）及何种数据（客观还是主观）。在进行评估选择时，除了要考量供应商可能会提供的绩效，还应该考虑供应商是否会在今后的合作中持续稳定地提供良好的绩效，以及是否是一个相对愿意合作的供应商。例如绩效排名靠前的供应商可能对合作兴趣较小，为获得更多利润而议价，甚至会降低他们实际提供的绩效。Cox（1999）建议企业在设计供应链时考虑影响力关系，其会影响买方-供应商关系中双方的行为与决策。对于供应链中的核心公司，理想的情况是没有供应商能从它那里获得议价的空间，从而使其能够从中获得适当的价值。即使不能达到这种影响力，公司也应该知道自己在买方-供应商关系中所处的位置，进而制订合作策略并有针对性地提升自身影响力。

第 3 章　供应链中的影响力关系

现有文献的关注点在于如何建立多约束标准的供应商评估方法与模型，在这些方法中，越来越多的标准被考虑在内，其中影响力被视为一个单一的标准。然而，影响力是一个由多个方面决定的复杂概念。本章将从以下几个方面探讨影响力：①在供应链中如何理解影响力；②影响力如何影响供应商绩效，以及买方和供应商之间的关系；③在供应商选择中是否考虑影响力及如何考虑影响力。为了将对影响力的理解与供应商评估进行结合，本章最后还将讨论影响力的主要理论、决定影响力的因素和量化影响力的方法。

3.1　影响力关系与供应链

在许多领域，特别是在社会科学领域，人们对影响力进行了长期的研究。17 世纪中期，英国哲学家托马斯·霍布斯把影响力定义为“一个人当前的手段，该手段用于获得某些未来显而易见的好处”（原文：a man’s present means, to obtain some future apparent good）（Hobbes, 1651）。Porter（1979）将影响力引入供应链研究中，其将市场看作是一个战场，而影响力被用来作为获取利润的竞争力量。本节探讨影响力的概念和影响力对买方-供应商行为的影响。

3.1.1　影响力的概念

在现有文献研究中，虽然不同领域对影响力的理解存在一定的一致性，然而却没有一个统一的定义。在社会科学中，一个系统中 A 对 B 的影响力被定义为 A

在系统中能够影响 B 的最大潜在能力（French et al., 1959）。在心理学中，影响力主要被认为是一种能够改变他人行为、决定和策略的能力（Blau, 1964）。在政治领域，影响力被认为是个人或团体促使另一个个人或团体去做自己不愿意做的事情的能力（Dahl, 1957），或者一方能够让另一方按照自己意愿行动的能力（Robbins et al., 2006）。在市场营销和供应链中，影响力具有相似的定义，即影响他人决策和行为的能力（Yeung et al., 2009; Ratnasingam, 2000）。影响力也被看作一个供应链成员控制或改变另一个成员的市场策略的能力（Hunt et al., 1974; El-Ansary et al., 1972）。Ireland 等（2007）认为影响力具有多重结构，可以被用来从合作伙伴那里获得所期望的行为。影响力是一种关系的属性，而不是个体的属性。"说某个体有影响力是没有意义的，除非我们指定其是对于谁"（Emerson, 1962）。在供应链运作中，买方与供应商影响力分配的不对称性会体现在双方行为上。更强大的一方可能利用自己的影响力通过强迫另一方去做他们本来不愿意做的事情来实现自己的目标（Brown et al., 1996），或者至少来影响另一方的行为。

英国广播公司一部关于食物浪费的纪录片①中，Hugh Fearnley-Whittingstall 所讨论的英国大型超市与其蔬菜供应商之间的关系很好地展示了供应链中的影响力关系。为了提高销售额，超市明确地规定了蔬菜的外观。太大、太小或不够直的胡萝卜或欧洲萝卜均属于超市不接受范围。这就导致供应商必须仔细挑选和包装他们提供的蔬菜，而那些外观不符合规定，但品质却没有差别的蔬菜却要被扔掉。由于超市的规模、市场集中度、品牌效应和较低的供应商转换成本，供应商无法让超市来承担其损失，因为超市对供应商具有控制权。相比之下，许多供应商是依靠单一大型超市的家族企业。超市对供应商的影响力优势保证了其供应商的良好表现。

---

① 来源：《减废大行动》（*Hugh's war on waste*），http://www.bbc.co.uk/programmes/b06nzl5q

3.1.2 影响力对买方或供应商绩效的影响

在供应链运作过程中，非对称的影响力使买方与供应商双方都根据自身的利益进行决策，其影响买方与供应商关系的多个方面。

1. 对成本控制和定价策略的影响

非对称的影响力会使有较强影响力一方（以下简称强方）能够获得较好的价格或数量折扣，而使得较弱的一方（以下简称弱方）在成本控制上遇到障碍（Munson et al., 1999）。在研究直邮出版领域的成本控制策略时，Watson（1999）发现，由于邮政服务只被一家公司即邮政局所垄断，这使得出版商无法进行价格协商。另一个例子是 Wei 等（2013）所调查的制造商，如果制造商不能主导其零售商，则不得不依照产品零售价格来定价。当一方较强时，弱的一方该如何回应成为一个研究热点。例如，Kwak 等（2006）建议当供应商具有较大影响力并决定订单大小时，较弱的买方则应该选择合适的合同期限及订货点来降低成本。然而当买方较强时，供应商只能接受买方条件。

2. 对 JIT 与库存策略的影响

20 世纪 70 年代初开始，丰田首创的 JIT 生产方式得到了广泛的应用。Cox（1999）在研究成功应用 JIT 的因素时指出，丰田之所以可以建立基于装配、需求拉动和 JIT 的系统，是因为其在与供应商间的影响力关系中占主导地位。这就使得丰田的供应商不得不遵循丰田的创新要求。丰田对供应商的主导权来自于供应商对其的依赖及供应商的高度竞争市场。Bichescu 等（2009）发现影响力关系可以极大地影响 VMI 的性能。不对称的影响力关系可能会带来 VMI 最大的系统效益。

3. 对知识分享与信息交换的影响

买方与供应商之间的知识共享是市场竞争的关键。Cai 等（2013）的调查表明，供应商的影响力与买方和供应商之间的技术交流、技术转让程度相关。影响力也会促使供应商或买方采用更好的沟通系统。在 Munson 等（1999）的一项调查报告中，55%的被调查者会根据其主要买家或供应商的要求使用电子数据交换。而根据 Ke 等（2009）的另一项调查显示，供应商/买方是否采用电子供应链管理系统与其供应链中的强势成员对其施加的压力有关。

4. 对生产控制的影响

强大的买方或供应商可以对其供应商或买方实施操作规程。像丰田这样强大的制造商对其供应商提出了严格的要求，这使得供应商不得不提高质量并采用更高的质量标准（Munson et al., 1999）。例如，为了获得供应这些制造商的机会，许多供应商必须通过昂贵且耗时的 ISO 9000 认证。同样，强大的零售商可以对其供应商产生类似的影响，如前文中提到的英国超市及其蔬菜供应商的例子。

5. 对关系质量的影响

影响力通过影响信任（trust）、冲突（conflict）或承诺（commitment）对买方-供应商关系的质量产生影响。图 3-1 解释了这些因素之间的关系，这些因素主要来自于文献综述中的调查类文献。Benton 等（2005）和 Maloni 等（2000）的调查显示，来自奖励性（reward）、专家性（expertise）和参照性（reference）的影响力对承诺、信任和解决冲突具有积极的影响。这有利于提高整个供应链的性能，而强制性（coercion）和合法性（legitimation）的影响力会导致负面结果。Brown 等（1996）从承诺的两个维度来分析影响力：一个维度是工具承诺（instrumental commitment），其是奖励或惩罚的驱动的遵守；另一个维度则是规范承诺

（normative commitment），其是来源于认同。Brown 等（1996）发现，如果供应商多采用奖励性、强制性和法律合法性的影响力，则零售商会对关系进行更高的工具承诺，但是这却会导致零售商的绩效水平较低。如果供应商多采用专家性、参照性和传统合法性的影响力，则零售商会对关系进行更高的规范承诺，这会进一步使得零售商产生更高绩效水平。

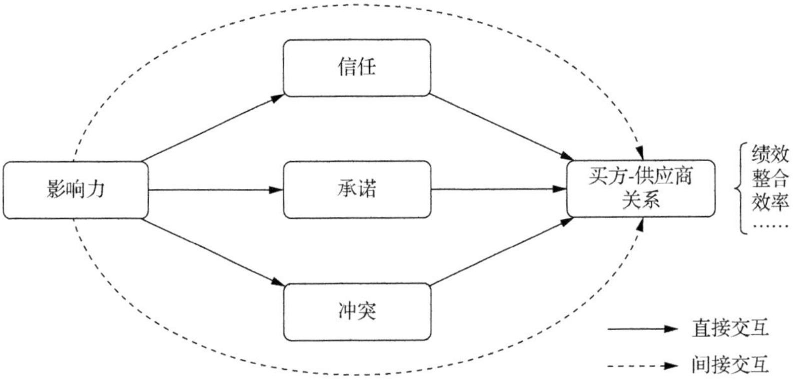

图 3-1　影响力对买方-供应商关系的影响分析过程

Zhao 等（2008）对客户影响力和供应商承诺进行了类似的调查。他们发现，供应商的规范承诺与其客户采用的专家性和参照性影响力正相关，但与强制性影响力负相关。供应商的工具承诺与其对客户的奖励性和强制性的影响力的感知正相关。研究指出，合法性影响力似乎与承诺无关，并且增加的规范性承诺会鼓励供应商与客户的整合。这一点与 Brown 等（1996）的调查不同。Liu 等（2015）从调查中发现，主导企业的参照性、专家性和信息性影响力对目标企业的信任有正面影响。其中信任包括契约信任（contractual trust），即目标公司对主导公司能力的期望，以及能力信任（competence trust），即目标公司对主导公司能力的依赖期望，以及商誉信任（goodwill trust），即目标公司对主导公司盈利能力的信念。强制性和法律合法性影响力对能力信任和商誉信任都有负面影响。但是，较高的能力信任和商誉信任会增加目标公司采用供应链整合的可能性。

3.1.3 供应商选择中的影响力考虑

目前很少有文献在评估选择供应商时明确地考虑影响力。Cox 的研究对该研究方向贡献最大（Cox, 2004, 2001, 1999; Cox et al., 2001）。其建议，有效的采购决策需要考虑三个方面：采购策略的规范（即供应商选择、供应链外包、供应商开发或供应链管理）、对影响力及杠杆环境的理解、对基本关系管理类型的理解。根据买方的影响力和供应商的影响力，Cox 的研究所提出的矩阵模型确定了四种影响力关系，如图 3-2 所示。

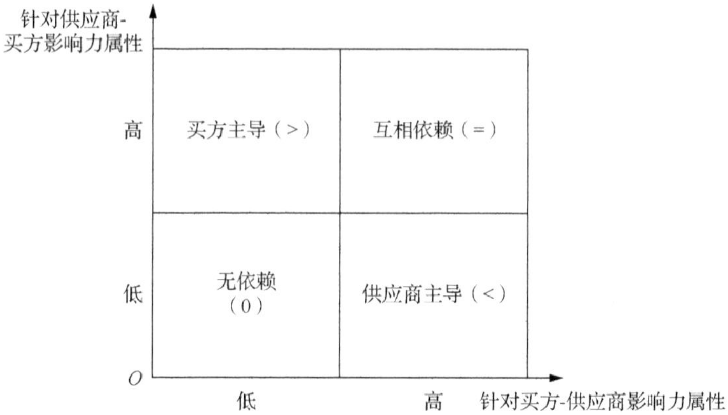

图 3-2　影响力关系

Cox（2004）提出的四种关系管理方式分别为：

（1）对抗性市场交易（adversarial arm’s-length）关系，每个合作伙伴都试图最大化自己的价值份额，并定期使用短期市场测试。

（2）非对抗性市场交易（non-adversarial arm’s-length）关系，每一个合作伙伴依照当前市场价格支付，但不积极地议价而是积极地测试市场。

（3）对抗性合作（adversarial collaboration），每个合作伙伴都提供广泛的业务联系并积极地适应特定关系，且最大限度寻求价值分配。

（4）非对抗性合作（non-adversarial collaboration），每个合作伙伴都以透明的运作方式运作并具有长期承诺，同时平等地分配产生的商业价值。

表 3-1 列出了采购方式、影响力关系和关系管理方式的对应（Cox, 2004）。在供应商选择方面，如果买方主导供应商，则合适的关系管理方式是买方对抗性市场交易关系或供应商非对抗性市场交易关系。如果供应商主导买方，那么管理方式则是供应商对抗性市场交易关系或买方非对抗性市场交易关系。

表 3-1　采购方式、影响力关系和关系管理方式

采购方式	影响力关系	关系管理方式
供应商选择	买方主导（>）	买方对抗性市场交易关系或供应商非对抗性市场交易关系
	无依赖（0）	买方和供应商对抗性市场交易关系
	互相依赖（=）	买方和供应商非对抗性市场交易关系
	供应商主导（<）	供应商对抗性市场交易关系或买方非对抗性市场交易关系
供应链外包	买方主导（>）	买方对抗性市场交易关系或供应商非对抗性市场交易关系
	无依赖（0）	买方和供应商对抗性市场交易关系
	互相依赖（=）	买方和供应商非对抗性市场交易关系
	供应商主导（<）	供应商对抗性市场交易关系或买方非对抗性市场交易关系
供应商改进	买方主导（>）	买方对抗性合作或供应商非对抗性合作
	无依赖（0）	不适用
	互相依赖（=）	买方和供应商非对抗性市场交易关系
	供应商主导（<）	买方非对抗性合作或供应商对抗性合作
供应链管理	买方主导（>）	买方对抗性合作或供应商非对抗性合作
	无依赖（0）	不适用
	互相依赖（=）	买方和供应商非对抗性市场交易关系
	供应商主导（<）	买方非对抗性合作或供应商对抗性合作

从表 3-1 中可以看出，在供应商选择中不存在合作关系，这一点与其他关于供应商选择的文献不同。本书第 2 章的标准内容分析中指出，买方寻求与供应商建立长期关系直接导致对如何选择合格供应商的考虑增加。因此最好把影响力看作是确保一种持续且稳定关系的方式而不是选择某种关系的一种手段。虽然 Cox 的研究试图将采购策略、影响力环境和关系管理方式进行了对应，但是依然没有解决如何将特定的采购方式与影响力环境联系起来的问题。关于如何将影响力应用到供应商选择的问题仍然存在。

Zolghadri 等（2011b）试图通过在评估供应商绩效的同时估算影响力来填补这一空白。通过比较影响力情况和绩效结果，他们认为最好的合作情况是选择一个相对不那么强大的、绩效相对较高的供应商。然而，在该研究中存在一个问题，就是其对影响力的判断所采用的是和绩效相同的标准，如价格、质量、交货等，并没有考虑决定影响力的真正原因。

Kähkönen 等（2011）认为对影响力来源的认识会使供应管理者有效地选择供应商。这项研究有助于分析决定影响力的因素，但却没有解决如何利用影响力更好地选择供应商的问题。

3.2 关于影响力三大主要研究

虽然影响力被认为是供应商选择的一个重要因素，但是关于如何将其概念化的研究却很少。本节探讨了有关影响力的三大主要研究，以加深对它的理解和建模的可能性。影响力-依赖关系理论（power-dependence relation theory）由 Emerson（1962）提出，该理论指出了影响力的起源，其不仅是供应链领域的主流思想流派，也是社会科学、政治学等领域的主流思想流派。Porter（2008, 1979）的五力模型（five forces model）明确提出了决定买方和供应商影响力的因素。它为企业提供了一个分析行业内竞争的框架，从而分析供应链中潜在的影响力来源。影响力的五大基础（the five bases of power）理论由 French 等（1959）提出，该理论对影响力进行了分类，被学者广泛使用。

3.2.1 影响力-依赖关系理论

影响力-依赖关系理论指出影响力存在于他人的依赖中。A 对 B 的依赖 D_{AB} 与（1）成正比，与（2）成反比：

（1）A 针对目标的动机式投资，且目标是通过 B 来实现的。

（2）A 在 A-B 关系之外能够获得实现目标的数据。B 对于 A 的影响力 P_{BA}，基于 A 对 B 的依赖 D_{AB}。在关系中，D_{AB} 与 D_{BA} 的值通常是不同的，从而产生了相对依赖的概念（Anderson et al., 1990）和不对称性相互依赖的概念（Kumar et al., 1995）。影响力优势（Emerson, 1962）就是这种差异的结果。如果 A 对 B 的依赖多于 B 对 A 的依赖，那么 B 对于 A 来说有影响力优势（Pfeffer et al., 2003）。

在供应链中，当一家公司对另一家公司有需求时，依赖就存在。这些需求可以是产品、资源、某个分销渠道等。例如，超市依赖蔬菜供应商提供胡萝卜和欧洲萝卜，这就给了供应商一定的影响力。同时，供应商依赖超市出售蔬菜，这又使得超市有了影响力。但是它们之间的依赖性是不对称的。蔬菜供应商对超市的依赖多于超市对蔬菜供应商的依赖，因为超市可以很容易地更换一个蔬菜供应商，并且在没有特定蔬菜供应商的情况下生存。然而蔬菜供应商却做不到这一点。这种不对称依赖使得超市对蔬菜供应商具有影响力优势。

影响力-依赖关系理论被 Pfeffer 等（2003）在他们的资源-依赖理论中进一步强化。该理论的基础是，由于需要从环境中获得的资源，包括财力和物力资源及信息资源，组织潜在地依赖于这些资源的外部来源。这种依赖关系取决于资源对组织的重要性和对资源控制权的集中。资源的重要性取决于交换的相对规模和组织投入或产出的重要性。控制权的集中可能产生于一个组织的垄断地位，或来自企业联合。

影响力-依赖关系理论指出影响力来源于依赖，资源-依赖理论进一步揭示了依赖的组成。两者一起表明如何确定影响力。

3.2.2 Porter 的五力模型

另一个有关影响力的关键研究是 Porter 的五力模型（2008, 1979），如图 3-3 所示。该模型描述了塑造行业竞争的五种力量，然而其关注的是公司在业界中的相对影响力，而不是买方与供应商之间的影响力关系。

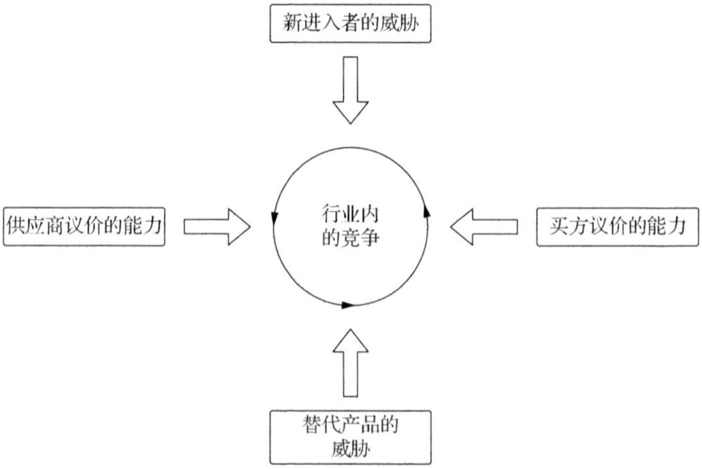

图 3-3 Porter 的五力模型

该模型指出，供应商和买方的议价能力（bargaining power）是获取利润的两种竞争力量。这五种力量及其确定因素如下（Porter, 2008, 1979）。

1. 新进入者的威胁（threats of new entrants）

新进入者会带来新的能力与产出，并争夺市场份额和资源，因而会导致行业中现有企业利润降低。

2. 供应商议价的能力（bargaining power of suppliers）

供应商议价的能力由以下因素决定。

（1）供应商集中度。供应商在行业中所占的市场份额或控制权。如果供应商比其销售的行业更加集中，他们所具有的影响力就具有优势。

（2）成交量对供应商的重要性。不完全依赖于该行业收入的供应商具有影响力优势。

（3）转换成本。当供应商转换成本较高时，供应商具有影响力优势。

（4）产品的特别性。如果所提供的产品独特或至少不是通用型产品，则供应商具有影响力优势。

（5）可用替代品。供应商所提供的替代品越少，供应商所占的影响力优势就越大。

（6）正向整合威胁。即整合进该行业业务的威胁，如果供应商具备进入买方行业的能力，则其具备一定的影响力优势。

3. 买方议价的能力（bargaining power of buyers）

买方议价能力由以下因素决定。

（1）购买量。如果买方的购买量在供应商的销售量中占的比例较大，则买方具有影响力优势。

（2）可用替代供应商能提供产品。如果买方能够容易地找到同等产品，则买方对单一供应商具有影响力优势。

（3）转换成本。当供应商转换成本较低时，买方具有影响力优势。

（4）价格敏感性。包括买方与供应商的预算支出比例、买方产品或服务的质量受购买产品的影响程度等几个方面。

（5）反向整合。买方通过威胁整合供应商业务，自己制造所需产品，而具有影响力优势。

4. 替代产品的威胁（threat of the substitutes）

替代产品以不同的方式执行与工业产品相同或相似的功能。如果替代产品具有有吸引力的折扣和低转换成本，则其对现有行业构成威胁。

5. 行业内的竞争（competitive rivalry within an industry）

行业内的竞争受到诸如竞争者数量、行业增长率、转换成本、产品差异、固定成本、退出壁垒和多样化竞争战略等因素的影响。

3.2.3 影响力的五大基础

还有一个被广泛引用的理论是 French 等（1959）提出的影响力的五大基础。该理论最初应用于社会科学，后来扩展到其他领域。这一理论指出，影响力取决于一方对另一方能力的感知，这种感知会导致一种妥协。这五大基础一定程度上对影响力的来源进行了分类。

这些因素主要来自于文献综述中的调查类文献。Benton 等（2005）和 Maloni 等（2000）的调查显示，来自奖励性、专家性和参照性的影响力对承诺、信任和解决冲突具有积极的影响，这有利于整个供应链的性能。而强制性和合法性影响力则会带来负面影响。

（1）奖励性影响力。源自于一方的奖励能力。奖励性影响力的强弱取决于另一方对所能获得的奖励程度的感知、一方增加正面影响而减少负面影响的能力以及实施奖励的可能性。一个简单的例子，超市承诺如果蔬菜供应商能严格满足蔬菜外观要求，则增加订货量。

（2）强制性影响力。源自于一方由于拒绝另一方的要求而可能会受到的惩罚。

（3）合法性影响力。来自一方认为另一方有权为其规定行为，并且其有义务接受这种影响。合同条款是合法性影响力的一个例子。

（4）参照性影响力。源自于一方对另一方的认同。比如，公司欣赏它的合作伙伴经营业务的方式，则公司的合作伙伴拥有参照性影响力。

（5）专家性影响力。源自于一个特定领域中双方知识水平的差异。专家、先进的技术和专项培训都是专家性影响力的例子。

3.3 影响力决定因子与衡量

买方与供应商之间影响力的不平衡影响着供应商的绩效及关系的质量。这就提出了一个问题，即买方或供应商如何认识和评估这种影响力。前文提到的三个

表 3-2 中文章提到的有些决定因子并没有列在表 3-3 中，原因如下：①该因素不适合作为影响力决定因子；②该因素太过具体而被别的决定因子包含。例如，Cool 等（1998）认为“价格的角色”为买方影响力的一个决定因子。然而，供应商能否提供低价或高价，不增加或减少买方的影响力。原因②的一个例子是 El-Ansary 等（1972）提到的“买方金融和商业建议”，它包含在买方的专业知识（决定因子 12）中。

表 3-3 中列出的决定因子根据其依赖性可以分成两类。

（1）独立性决定因子，其不来自一方对另一方的依赖，而来源于其自身的能力。例如，客户对供应商的偏好（决定因子 15）增加了供应商的影响力，但并不意味着买方依赖于它。再比如，供应商正向整合的威胁（决定因子 8）和买方反向整合的威胁（决定因子 9）。

（2）依赖性决定因子，其来自一方对另一方的依赖。以可供选择的供应商数量（决定因子 2）为例，少量的可用供应商会导致买方对供应商的极大依赖，这就增加了所选供应商的影响力。相反，如果可用供应商数量大，买方的依赖就极大地减少，所选择的供应商的影响力就少。再比如采购量占供应商销售的比例（决定因子 4），买方采购量越大，供应商就越依赖买方销售其产品，因此买方拥有的影响力就越大。有一些决定因子，如买方对供应商的转换成本（决定因子 3）隐含了依赖关系。当供应商的转换成本高时，它暗示买方可能对该供应商进行了高额投资，这增加了买方对该供应商的依赖，并因此给了供应商影响力。还有一些决定因子只有当买方或供应商声称存在依赖时，才能被视为影响力决定因子。比如，如果买方依赖于供应商的可靠交货（决定因子 13）来开发或制造自己的产品，那么该因素就成为增加供应商对买方的影响力的决定因子。

这些影响力决定因子中的大多数是定性因素，例如对买方产品或服务质量的重要性（决定因子 7）、供应商正向整合的威胁（决定因子 8）、供应商的专业知识（决定因子 11）及买方给供应商带来的新商机（决定因子 17）。只有少数是定量因素，包括可供选择的买方或供应商数量（决定因子 1 和决定因子 2）、买方对供应商的转换成本（决定因子3）、采购量占供应商销售的比例（决定因子4）。然而，对买方或供应商来说，很难获得这些定量因素的数值，例如买方知道自己的购买量，但可能不知道供应商的其他销售的具体数量，因此很难量化采购量占供应商销售的比例。

不同于传统的供应商评估来比较一组供应商，影响力评估是在一个供应商和一个买方之间进行。判断一个特定决定因子有多大的影响是必要的。例如，判断可供选择的供应商或买方数量的影响时“高”“中”“低”的估计比具体数值更有意义。例如一个包含五个可用供应商的供应商集合，对于标准型产品来说属于小型集合，但对于战略型产品来说却是一个较大的集合。因此，主观性判断对于表3-3中所有的影响力决定因子都是至关重要的。

3.3.2 影响力量化

当确定了决定因子时，下一步是根据这些因子来衡量影响力。依据现有文献，有关研究可分为三类：基于影响力-依赖关系理论的概念模型；根据不同的决定因子进行影响力的评估；基于影响力的五大基础分析买方如何行使影响力。

1. 基于影响力-依赖关系理论的概念模型

El-Ansary等（1972）依据影响力-依赖关系理论，提出了一个概念模型。该模型视依赖和影响力来源为两种不同的因素，其中影响力来源为非依赖性因素，影响力是两者相关性的函数，即

$$P_{AB}=\alpha D_{AB}+\beta S_{AB} \tag{3-1}$$

式中，$P_{AB}=A$ 对 B 的影响力；

$D_{AB}=A$ 对 B 的依赖；

α = 方向依赖系数，如果 $D_{AB} > 0$，则$\alpha = -1$，如果 $D_{AB} < 0$，则$\alpha = 1$，如果 $D_{AB} = 0$，不存在任何关系；

S_{AB} = A 对 B 影响力的来源；

β = 影响力来源的方向系数，如果 $S_{AB} > 0$，则$\beta = 1$，如果 $S_{AB} < 0$，则$\beta = -1$。

然而，如前文所讨论的，影响力-依赖关系理论认为 A 对 B 的影响力等同并来自于 B 对 A 的依赖。式（3-1）忽略了 B 对 A 的依赖也是构成 A 对 B 的影响力的一部分。相反，该公式认为影响力来自于 A 对 B 的影响减去 A 对 B 的依赖，并没有解释在什么情况 A 对 B 的依赖为负（$D_{AB}<0$）。考虑公式中 D_{AB} 为负的可能，如果 D_{AB} 为 A 与 B 之间的相对依赖则更有意义。

影响力也可以被抵抗。例如，供应商 B 可能有能力抵制买方 A 的要求。这被称为抵消性影响力，即可以让 B 抵抗 A 企图控制的能力。Etgar（1976）提出了一个抵消性影响力的概念模型，该模型从影响力来源和抵消性影响力来源来估计影响力。式（3-2）给出了这个模型：

$$P_{AB} = f(V_{AB}, C_{BA}) \tag{3-2}$$

式中，f = 概念化影响力的函数；

P_{AB} = A 对 B 的影响力；

V_{AB} = 能让 A 控制 B 的影响力来源；

C_{BA} = 能让 B 反抗 A 控制的抵消性影响力来源。

然而，这个模型是基于对影响力的不同理解。如果 A 对 B 的影响力 P_{AB} 是由式（3-2）来计算，那么 B 对 A 的影响力也应该可以由该公式计算。那么如何来计算 A 对 B 的抵消性影响力就是个问题。如果 P_{AB} 解释为影响力-依赖关系理论中的 A 对 B 的影响力优势（Pfeffer et al., 2003；Emerson, 1962），即两者影响力的差异，那么该公式的含义才更有意义。考虑这一点，本书区分如下两个概念。

1）X 对 Y 的影响力，表示为(X/Y)。X 影响 Y 的能力，其来自所有能让 X 影响 Y 的影响力决定因子。

2）X 对 Y 的影响力优势，表示为 $PA(X/Y)$。$P(X/Y)$ 与 $P(Y/X)$ 的差异，其结果表明了可能的三种影响力关系，即

（1）X 主导 Y，当 $PA(X/Y)>0$；

（2）X 与 Y 是平衡的，当 $PA(X/Y)=0$；

（3）Y 主导 X，当 $PA(X/Y)<0$。

2. 根据不同的决定因子的影响力评估

概念模型提供了影响力评估的理论依据，然而对影响力量化的实例研究却很有限，其需要解决如何对所有可测量的决定因子进行求和的问题。Cho 等（1994）给出了 8 个决定因子并提出了一种通过这些决定因子来计算影响力的方法。其为每个决定因子分配一个 1 到 9 的数字，其中 1 代表最低值，9 代表最高值。这个数乘决定因子的权重即为该因素下的影响力值。A 对 B 的影响力是在全部因素下的影响力值之和。

该方法假设关系中双方的影响力来源于相同的决定因子，当一方的一个决定因子值较低时，另一方的决定因子值就会较高。因此，方法为每个决定因子设置了一个总和为 10 的常数。该研究在计算最终影响力时还考虑了影响力使用的可能性。来自决定因子的影响力被认为是内在影响力，只有当一方运用其影响力时，才会产生最终的能被感知的影响力。在这种情况下，以类似的方式计算运用其影响力的可能性。其为每个影响使用的因素分配一个数字，并通过与相应的权重相乘来求和。最终影响力是内在影响力乘以影响力使用的可能性的结果。通过比较供应商和买方的影响力值，可以确定谁拥有更多的影响力，即影响力优势。然而，影响力评估涉及许多主观判断。该方法没有考虑判断的不精确性，也不能给出一方对另一方具有多少影响力优势，即强主导（strong dominance）、主导（dominance）、从属（subordinate）或强从属（strong subordinate）。

Cox（2004, 2001）提出一个如图 3-4 所示的影响力分析矩阵，通过定性分析

而不是定量分析决定因子来确定影响力关系。例如，当买方影响力高且供应商影响力低时，影响力关系为“买方主导”，导致这种情况的属性列于图 3-4 的左上象限。

图 3-4 影响力分析矩阵

这个矩阵虽然描述了影响力关系并给出了每种情况所涉及的影响力决定因子，但是存在问题没有解答：①在确定关系时是否要考虑其象限内的所有决定因子包括该因素的定性值（如“很少”“较多”“高”和“低”）？②当只有部分可用或者来自不同象限的决定因子可用时，如何确定影响力关系？例如，如果有很少的买方或有许多供应商，而买方在占供应商的总市场份额很低，那么如何定位买方与供应商之间的影响力关系？这种矩阵式的度量灵活性也有限，因为它没有解释如何处理其中未列出的其他决定因子。根据 3.3.1 节中的讨论，图 3-4 中缺少了一些影响力决定因子，例如，供应商的正向整合的威胁及买方的反向整合的威胁（表 3-3 中的决定因子 8 和决定因子 9）。

Zolghadri 等（2011b）提出了一种基于绩效评价标准来确定影响力阈值的方法。这种方法假设如果供应商在某一标准上表现不佳，那么买方在这个标准上对供应商就有影响力。否则，买方将被供应商主导。该方法预先设定了一组由四个值组成的阈值集(具体的值由买方给出)，基于该阙值集可以确定五种影响力关系：强主导、主导、平衡、从属和强从属，如表 3-4 所示。T_1、T_2、T_3 和 T_4 表示四个阈值且 $T_1 < T_2 < T_3 < T_4$。“越高越好”意味着在该评价标准上买方偏好一个高值，比如订单履行率。“越低越好”则恰相反，即针对该标准低值对买方有利。

表 3-4　v 转换成影响力情况的阈值规则

越低越好	越高越好
如果 $v \in [v_{\min}, T_1)$，那么买方被供应商强主导（强从属）	如果 $v \in [v_{\min}, T_1)$，那么买方强主导供应商（强主导）
如果 $v \in [T_1, T_2)$，那么买方被供应商主导（从属）	如果 $v \in [T_1, T_2)$，那么买方主导供应商（主导）
如果 $v \in [T_2, T_3)$，那么买方与供应商处于一种平衡状态（平衡）	如果 $v \in [T_2, T_3)$，那么买方与供应商处于一种平衡状态（平衡）
如果 $v \in [T_3, T_4)$，那么买方主导供应商（主导）	如果 $v \in [T_3, T_4)$，那么买方被供应商主导（从属）
如果 $v \in [T_4, v_{\max}]$，那么买方强主导供应商（强主导）	如果 $v \in [T_4, v_{\max}]$，那么买方被供应商强主导（强从属）

注：v 代表特定约束标准下的供应商绩效数据，$v_{\max}$ 和 $v_{\min}$ 表示该值所在值域的最大值和最小值

该方法的优点是能够清晰和直观地判断五个影响力关系情况。然而，其仅建立在绩效的评价标准上，而不是表 3-3 中的影响力决定因子。其判断准则（即“越高越好”和“越低越好”）和表 3-4 中的阈值仅适用于绩效标准，并不适用于大多数影响力决定因子。以“可供选择的供应商”为例，如果有许多替代供应商，则买方对供应商具有影响力。然而，根据 Zolghadri 等（2011b）的原则，针对该因素，买家偏好“越高越好”，因为更多的供应商意味着更多的选择和议价能力。但是依据表 3-4，大量可用的供应商属于 $v \in [T_4, v_{\max}]$，表明买方将由供应商强主导，这与实际情况显然是矛盾的。

3. 依据影响力五大基础的评估

该类评估主要是通过问卷调查分析影响力与信任、承诺、冲突之间的关系，以及信任、承诺、冲突与绩效的关系，进而考察影响力对绩效的影响。图 3-5 为调查问卷的一个例子。

调查问卷

专家影响力　　　　同意度（1-7）
我们的客户××是汽车行业的专家。
我们尊重客户××的代表的判断。
参考影响力
我们欣赏我们的客户××经营业务的方式，所以我们努力追随他们的领导。
我们经常按照客户××的要求行事，因为我们很自豪能与他们建立联系。
法定影响力
客户××有权告诉我们该怎么做。
奖励影响力
客户××提供奖励，以便我们按照他们的意愿行事。
强制性影响力
如果我们不同意他们的建议，客户××会给我们带来麻烦。
承诺
我们致力于与客户××保持良好的工作关系。
冲突
有时，客户××会阻止我们做我们想做的事情。
信任
客户××关心我们的福利。
绩效
如果没有客户××，我们的绩效将不如和他们合作时的绩效好。

图 3-5　调查问卷举例

一些学者，如 Liu 等（2015）、Nyaga 等（2013）、Zhao 等（2008）、Benton 等（2005）和 Maloni 等（2000）在问题分析时将影响力的五大基础均考虑在内，而另一些学者只关注其中的几项，如 Yeung 等（2009）。在评估时，采用 Likert 量表（Likert, 1932）对如图 3-5 例子中所示的问卷中的陈述进行评分，其中“1”表示“强烈不同意”，而“7”表示“强烈同意”。

这些问卷的调查结果表明了买方是否使用以及如何使用其影响力，而不是评估买方拥有多少影响力。它侧重于买方或供应商的行为，而不是相互作用。而且，使用 Likert 量表所获得的是关于影响力对买方-供应商关系影响的整体测量，其基于从一大群公司收集的数据。其结果显示的是总体趋势，而不是分析供应链中特定两个合作者之间的影响力关系。

3.4 本 章 小 结

如 3.1 节所讨论，买方和供应商之间存在的影响力的不平衡情况影响供应商的绩效和双方关系的质量。虽然一些研究者认为，在选择供应商时应考虑影响力，但如何将其整合到供应商评估和选择过程中，仍然是一个未解决的问题。

另外，如何评估买方-供应商双方的影响力关系也是一个需要解决的重要问题。虽然 3.2 节介绍的影响力-依赖关系理论、Porter 的五力模型和 French 的五大影响力基础这三个主要理论指导了后续的研究，但对于谁拥有影响力、拥有多少影响力却缺少一个更好的答案。3.3 节决定因子的研究表明了量化影响力的可能性。然而，关于这方面的文献却很少。Cox（2004）的矩阵在应用和处理决定因子方面缺少灵活性。Zolghadri 等（2011b）的研究基于绩效标准而非影响力决定因子。Cho 等（1994）的研究没有清楚地解释如何衡量决定因子的权重，也不能处理主观判断的不精确性。

本章的研究旨在填补如上讨论的两个空白：①整合供应商评估和影响力分析；②提出一种系统化的影响力关系量化方法。

第 4 章　研究方法论

研究方法为系统研究提供了一个框架。它允许通过不同的研究进行结果比较，并使其他研究人员能够再现研究结果。本章主要介绍本书的整体研究方法。

4.1　螺旋式研究框架

本书采用 Eckert 等（2003）提出的螺旋式研究框架，其帮助研究人员实现三重目标（理解现象、改进特定方面、为业界提供工具和技术），并整合来自不同领域的研究。螺旋模型认为大规模的研究工作（如多人研究项目或研究小组）具有多个阶段，包括实证研究、理论构建、工具开发和工具引入。每个阶段利用不同领域的方法，例如，实证研究遵循社会科学方法，工具开发遵循计算机科学的工程方法。研究的每一个阶段都会带来促进其他步骤研究的思考和知识。例如，实证研究所带来的实际需求会帮助构建理论或者验证现有工具的可用性以及改进的方面。螺旋式研究方法框架具有较大的灵活性，其允许研究从任何一个阶段开始，并且只进行其中的几个阶段。本书的研究内容以理论构建为出发点，实例研究以验证所研究问题并改进构建的理论，最后进行工具开发。

4.1.1　框架介绍

Eckert 等（2003）的方法框架以设计行为的实证研究、理论的发展、工具和过程的开发以及工具和过程引入的交互为基础，并强调在每个步骤之后的结果评价。该框架不是线性过程，而是通过思考和知识来连接不同的研究阶段。这种连接需要重新审视以前的研究结果并跳过某一阶段。图 4-1 展示了该框架。虽然其强调的是在设计过程研究中的应用，但其范围也涵盖了一般的应用研究，本书将其应用于评估和选择供应商的过程。

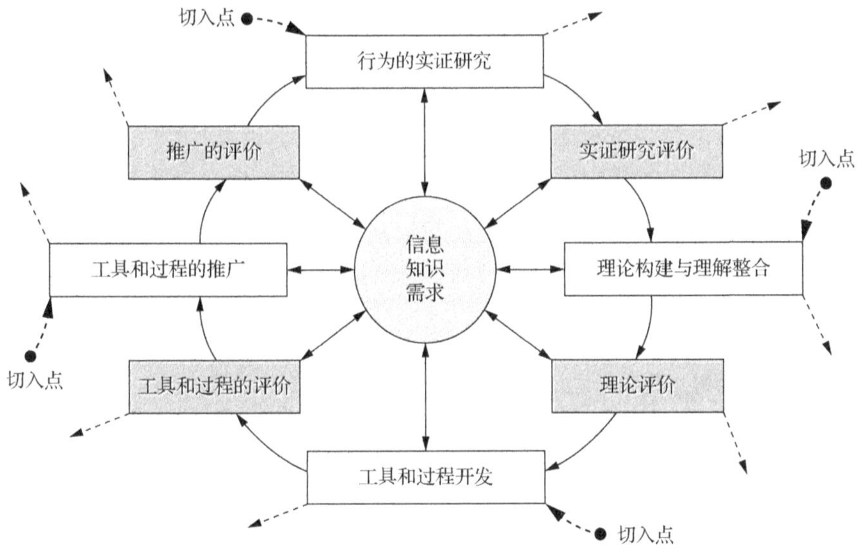

图 4-1　螺旋式研究框架

（1）行为的实证研究。其包括案例研究、一系列的分析方法、过程的交叉比较和个体行为的实验研究。

（2）实证研究评价。其主要是对评估研究结果有效性的评估，包含两个方面，即结果通用性和与其他研究理论相关性。

（3）理论构建与理解整合。实证研究应该促使知识理解以理论或模型的形式展现。

（4）理论评价。根据逻辑和方法假设以及理论框架的普适性来评估理论结果。

（5）工具和过程开发。这些活动取决于开发人员的目标。基于对理论和实践理解的软件工具的开发，目的是鼓励和支持理论成果在实践中的应用。

（6）工具和过程的评价。根据软件工具和过程是否满足需求对其进行评估。

（7）工具和过程的推广。工具和过程必须具有足够的鲁棒性，以便公司可以独立使用。

（8）推广的评价。工具推广的有效性是通过在实际环境中的应用对工具进行评估。

这 8 个活动步骤构成一个循环，在这些活动中产生的信息和知识可以用于指导任何其他步骤。在实践中，设计研究经常是迭代的，会存在几个阶段并行或采用较小迭代周期的情况。此外，研究也可以从图 4-1 中用黑色虚线标记的任何点开始。

4.1.2 研究路线

本书的研究工作启发于作者在之前的一个项目中进行的实证研究。该项目的目的是为非等级供应链的成员建立一个通信和信息共享平台。非等级供应链强调所有成员之间的平等关系，没有一个成员可以向其他成员强加管理决策。然而，在实际中很少出现这种情况，因为总有一些成员比其他成员更重要，这是他们在供应链网络中的角色不同、或是在产品开发和制造期间的行为活动与业绩关键性的不同而导致的（Liu et al., 2011b）。

图 4-2 为本书所采用的路线图。研究开始于详细的文献分析，随着新问题的出现，在整个研究过程中都会周期性地进行文献分析。基于这些文献分析，本书进行了理论构建，然后通过实证研究来评价和完善所构建的理论。在这个阶段，我们通过实例分析来验证研究问题的正确性，并进一步改进所提出的理论。之后进行了软件工具的开发，其实现了本书提出的方法论及数学模型。

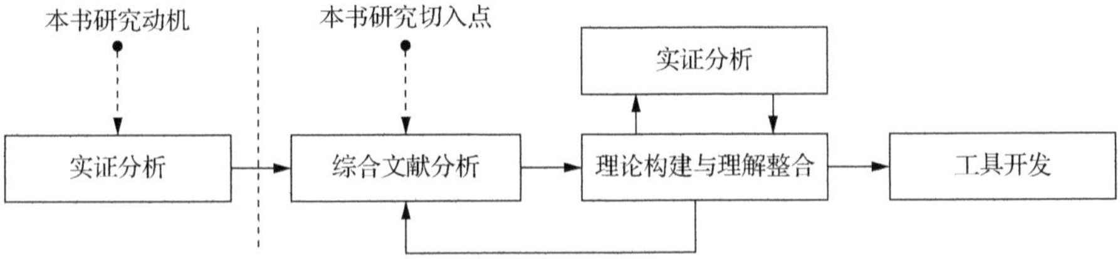

图 4-2　研究路线图

4.2　研 究 方 法

螺旋式研究框架指导研究的整个过程，研究在各个阶段还需根据研究的背景和内容来细化所采用的领域研究方法来进行。

4.2.1　实例分析方法

文献综述指出了当前研究中存在的空白，即如何将影响力与绩效相结合用于进行供应商选择。为了解决这一问题，本章旨在开发面向计算机辅助决策而进行供应商选择方法，该方法将影响力与绩效相结合用以分析供应商。虽然本书主要基于对供应商选择标准、影响力决定因子及数学方法的理论研究，但研究问题在实践中的相关性具有重要意义。为了证明研究问题的正确性，并支持理论的构建，我们采用访谈的方式来收集信息以进行案例分析。

1. 初始阶段的实例分析

该阶段的案例分析是在理论构建初期进行的，研究已经完成了文献分析并对所要解决的问题有了较深入的理解。正如前文所讨论的，文献表明在选择过程中应该考虑影响力，但相关研究有限。因此，案例分析所要探讨的问题围绕以下主题展开：

（1）供应商评估及选择是否是一项重要活动；

（2）供应商选择的过程是什么；

（3）影响力是否是买方-供应商关系中的重要问题；

（4）在实际应用过程中，影响力是如何被看待的；

（5）在供应商评估和选择过程中是否考虑影响力。

案例的收集和分析是通过半结构化的访谈进行的。所要探讨的主题以问卷的形式提前预知了所访谈的人员，但访谈过程中并不拘泥于问卷中的问题顺序与内容。表 4-1 列出了进行案例分析的公司及受访人员的角色等信息。出于商业信息的保密性，本书中所列出的公司名称和供应商均用字母代替，并隐去了所在的地域信息。

表 4-1　初始阶段的访谈介绍

角色	公司	领域	备注
企业顾问	M&M	汽车	受访者具有丰富的业界经验，对供应商的选择有很好的了解
CEO	F&X	电子	受访者很积极提供信息，作为一家刚刚起步的公司，在供应商选择过程方面的经验很少，但是提供了一个与供应商建立协作关系的非常有趣的案例，这个例子展示了影响力和绩效之间的相互作用

2. 第二阶段的案例分析

该阶段的案例分析进一步验证研究问题并对所构建的理论进行完善，主要目的是从实践的角度去理解影响力关系。除了第一阶段的问题外，还进一步探讨了如下主题：

（1）如何评价和选择供应商；

（2）如何理解和考虑影响力；

（3）影响力如何影响以及何时影响供应商选择；

（4）公司对帮助选择供应商的方法（或工具）有什么期望。

案例分析是在一家发动机制造公司进行的。该公司向其母公司（该母公司是大型建筑设备的原始设备制造商）和许多其他原始设备制造商提供发动机。该公司还出售自己品牌的发电机。其在产品研发与供应链设计方面具有丰富的经验和知识。

案例的收集和分析依然是通过半结构化的访谈进行的，所要探讨的主题以问卷的形式提前告知了受访人员。受访的技术经理准备了幻灯片讲稿，其中既有问题的解答，也有关于供应商选择的延伸介绍。所进行的两次访谈均进行了全程录音，并对第一次访谈的全部内容和第二次访谈的关键内容进行了文本转化，以便根据问题中定义的主题识别出有用的信息，并确定其他要点。除了访谈，还通过电子邮件澄清了未解决的问题。

4.2.2 理论构建方法

理论发展包括根据经验研究的结果，改进已观察到的现象并产生新的假设（Whetten, 2002）。Whetten（2002）提出了六个方面来进行理论构建：

（1）“什么”是组成该理论的相关构件（变量或是元素）。这些构件是根据它们的互补性或兼容性来评估的。

（2）“如何”关联这些构件。在所有理论框架中，必须解决基本的“如何”问题；但是，解决的程度则需要根据“什么”和“如何”对理论的贡献不同而有所不同。

（3）“为什么”选择这些构建（变量或是元素）。这将焦点从模型的组成转移到模型的上下文及其概念假设。“为什么”问题的答案解释了这些变量与研究的相关性以及“如何”的理论基础和规则。

（4）“何时”该研究有效。这是一个上下文假设，它定义了理论的边界，并指出研究是否只在特定的时间段内有效。

（5）“何地”研究这些现象。这是另一个上下文假设，它定义了理论的边界，并涉及是否在特定的地理环境中研究这些现象。

（6）“何人”与该理论有关。这是上下文假设，也是定义边界的第三个构建方面。它关注的是该理论是否涉及特定的组织或行业。

本书遵循以上六个方面，构建了一套理论来分析买方和供应商的相对定位和影响。该理论包括：①聚合绩效和影响力关系的供应商选择方法论；②用以量化绩效与影响力关系的评估方法。其中量化的评价方法可以独立应用。表 4-2 展示了选择方法论和评估方法的构建方面。

表 4-2　本书提出的理论方法的构建模型

构建方面	选择方法论	评估方法	
		绩效量化	影响力量化
什么	（1）绩效 （2）影响力关系	（1）标准 （2）量化方法与技术	（1）决定因子 （2）量化方法与技术
如何	绩效对影响力的影响及其相互作用	评价的程序	评价的程序与比较原则
为什么	基于实例研究与文献综述的影响理解	基于实例研究与文献综述的影响理解	
何时/何地/何人	该方法论旨在选择供应商，但也可在以后用于供应商的发展与监测。该方法论不强调应用的具体工业领域，具有一定的通用性	这是一个通用的供应商评估模型，不强调任何行业领域。但是在具体应用时，需要针对特定行业选择标准	该模型应用在供应链领域，但并不强调特定的行业领域。然而这种模式更适合买方与供应商双方需要协商的状况

4.2.3　工具开发方法

软件工具是本书的一个重要贡献，其实现了选择方法论和评估方法，使得计算复杂评价方法便于在实际情境中应用。同时，供应商分析选择过程需要工具来可视化计算结果。在方法构建过程中，用 MATLAB R2013a（许可证号 614513）来计算和显示分布图，同时在工具开发过程中，也使用 MATLAB R2013a（许可证号 614513）来进行结果计算与验证。

为了减少原型版本的编程工作量，本书采用了瀑布式开发方法，因为它为需求定义、系统设计和实现提供了指导。图 4-3 展示了工具开发的流程。

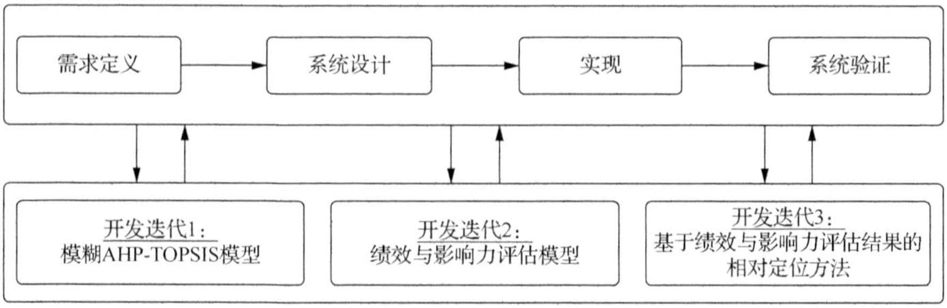

图 4-3　工具开发的流程

（1）需求定义生成软件工具的规范。需求来自方法论和评估方法的构建。此版本的工具只考虑了主要功能。诸如健壮性、安全性和可维护性等系统属性超出了本书的范围。

（2）系统设计将需求转化为程序结构。它包括系统架构的高层次设计与组件和算法的低层次设计，还包括集成功能和解决方案可视化的逻辑流程。

（3）实现是将系统设计转化为程序代码，所采用的程序语言为 Java。

（4）系统验证（通常称为测试）确保软件满足所定义的需求，并报告其质量和相关的失败风险。本书中“验证”这一术语，因为只检验了所开发的软件工具是否正确地实现了提出的评估方法，而没采用完整的系统测试过程。

尽管采用的是瀑布式开发方法，但是在实现过程中进行了增量式的迭代开发。图 4-3 给出了三次增量开发的内容：①模糊 AHP-TOPSIS 方法；②基于模糊 AHP-TOPSIS 的绩效和影响力关系的量化评估方法；③综合两种评估结果来确定供应商适合度的总体方法论。

4.3 本章小结

应用螺旋研究框架是本章研究方法的基础。其步骤的主题构成了其余章节的背景。这些步骤之间的迭代提高了研究的鲁棒性。通过在每一步骤采用具体的研究方法，使得研究具有依据。实例分析的目的是证明研究内容在实际中的重要性，解决当前研究空白，并推动理论的构建和改进；Whetten 的六个理论构建方面（什么、如何、为什么、何时、何地和何人）指导理论的构建；瀑布式过程指导软件工具的开发。

第5章　实 例 分 析

文献综述指出了将影响力分析融入供应商选择中的研究空白，并且缺少量化影响力的方法。通过实例分析可以进一步验证这种研究空白是否存在于实际中以及验证填补这一空白的重要性。本章通过半结构化访谈方式来进行实例分析，其包含两个阶段：第一阶段的实例分析用以验证前文所提出的研究问题，帮助构建理论；第二阶段的实例分析在于获得更完整的有关供应商选择和影响力分析的情况，进行理论的构建、修正和完善。

5.1　初始实例分析

该阶段在两个不同公司进行了访谈，即 M&M 与 F&X。访谈的主要目的是确定：①供应商评价是否是一项重要活动；②影响力在买方-供应商关系中是否起作用；③在供应商选择中是否考虑影响力。

5.1.1　汽车行业电子公司实例

M&M 公司的业务为汽车工业设计和生产电子系统，包括信息娱乐系统和仪表板。由于其产品线不同，所生产的产品对公司的重要性不同，其与不同生产线的供应商的关系也各不相同。在产品信息娱乐系统的人机交互部分，与供应商的关系主要是协同开发关系。其有两个供应商参与了设计和开发，一个负责接口的定义，另一个提供显示管理器。对于参与仪表板生产线的组件供应商，公司与其的关系是基于合同的普通采购关系。

被采访者是M&M公司的代表，他曾经是原始设备制造公司的顾问，在制造业产品开发和供应链设计方面具有丰富的经验。采访集中于供应商如何评价和如何解决供应链中的影响力关系问题。

1. 供应商分类及选择

M&M将供应商分为：①战略供应商，这类供应商分担风险，参与共同设计，并提供战略投入；②采购供应商，这类供应商提供标准组件。公司利用80-20规则来决定谁是战略合作伙伴。在开发新产品过程中，定义了物料清单之后，M&M发现通常20%的组件占用了80%的成本。那么这20%的组件便是关键的组成部分，这些组件的供应商则是战略供应商。通常，对战略供应商的选择是基于技术需求的。M&M公司选择供应商遵循图5-1所示的四个步骤，图中将这些步骤与de Boer等（2001）提出的一般步骤进行了映射。

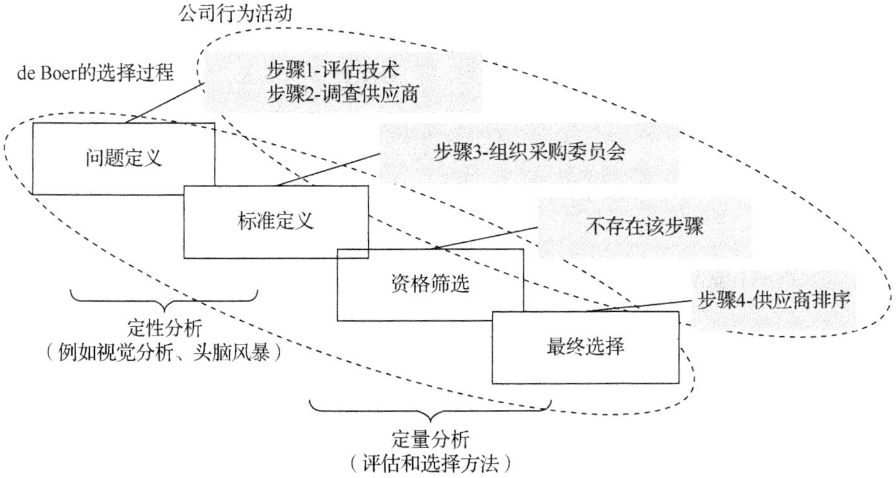

图5-1 M&M公司选择战略供应商的过程

步骤1：评估潜在供应商所提供的技术并选择偏好的技术。

步骤2：调查供应商的组织、改进政策、反应能力、灵活性和成为合作伙伴的潜力。

步骤3：组织采购委员会。委员会可由客户、质量保证人员、工程部门和项目管理人员组成，其决定选择标准（这些标准由全体成员商定）。

步骤4：由采购委员会对供应商进行排序（通常是3个或4个供应商）。

讨论所关注的是战略性采购，对于该类采购可供选择的供应商数量有限，因此不需要做预选。讨论还发现决策过程涉及多个专家，这说明所采用的评估方法需要能够处理来自不同专家的多个判断。

2. 影响力的考虑

M&M公司将影响力等同于公司的规模。当与供应商合作时，除非出现危机，如交货延误、货物短缺或有质量问题，否则M&M不会将影响力关系概念化到与供应商的交互中。当危机来临时，影响力关系就会出现。公司会试图将危机带来的损失转移给供应商或客户。其供应商或客户将承受多大的损失取决于谁在关系中拥有更大的影响力。有影响力优势的供应商或客户可以拒绝承担任何责任。然而，在危机期间，各方都希望保持平衡，集中精力共同解决问题，有时它们会达成协议。有时，M&M会控制部分供应商的产品生产阶段。由于供应商已经无法解决所出现的问题，而M&M却有解决问题的能力，因此M&M对生产的部分控制可能会被认为是对供应商的帮助。

上述讨论表明M&M（以及其供应链成员）在如何看待和处理影响力方面存在矛盾。一方面，M&M并不总是承认存在影响力关系。另一方面，当危机来临时，M&M却试图利用其拥有的影响力优势。此外，虽然影响力被M&M理解为一个公司的规模，但解决问题的能力似乎也是构成影响力的一个因素。这意味着有必要了解究竟有哪些因素能构成影响力关系。

5.1.2 感光芯片设计公司实例

被采访者是一家感光芯片设计公司 F&X 的主要负责人，其对公司的产品及发展策略非常了解。F&X 是一家新成立不久的小型公司，设计和开发可用于照相机、网络照相机、安全监视器、手机照相机等的感光芯片。F&X 需要半导体的供应商以及芯片的制造商，而通常供应商与制造商是同一家公司。F&X 在设计过程的初始阶段，甚至在设计开始之前就需要选择供应商（制造商）。因为制造商的设备和技术各不相同，每个制造商都有一套会影响芯片设计的规则。虽然制造商不参与产品设计过程，但是其影响公司产品的设计和质量。因此，F&X 与它的制造商需要保持着密切的关系。

在访谈过程中，其中一个引人思考的事件是 F&X 与一家大型国际公司建立合作的过程。作为一个新的小公司，F&X 没有一个规范化的供应商选择程序。它在网上获取有关供应商的信息。只有少数大公司可以生产所需的芯片。公司根据生产商的技术能力对这些潜在供应商进行排名，但并没有根据排名的前后顺序与这些生产商们联系。F&X 首先联系了其中规模相对小一点的公司，因为 F&M 认为这样的公司会对生产它的产品更感兴趣，然而事实却不是如此。

从联系供应商到建立协作的过程非常困难和漫长。一些潜在的供应商根本没有兴趣。有的公司最初表现出兴趣，后来又因为各种原因而不再联系。例如，一家韩国公司起初同意生产，但后来拒绝了，因为该公司更换了 CEO，而新 CEO 不想再接受新客户。

在与相对规模小的公司未能达成协议后，F&M 联系了最大的潜在供应商。令人吃惊的是，在 F&M 向该供应商展示了它的背景，包括将要生产的产品、财务能力、人力资源、战略计划、客户和市场后，双方达成了合作协议。该供应商愿意合作的主要原因是当前 F&M 设计的安全控制类芯片正是其想要拓展的领域，F&X 的背景给了供应商信心。

在整个合作过程中，F&X 不时地向供应商展示其最新设计，以展示其良好的设计能力和广阔的市场前景。目的是使制造商对其有信心，让制造者对更长久的合作关系感兴趣，并获得更多的议价空间。“*我认为影响力是议价的能力。我们在谈判开始时没有任何影响力，甚至没有合作的机会，但是对方想要进入市场的需求给我们带来了优势。虽然我认为我们目前对对方仍然没有影响力，但是通过向对方展示我们的设计能力，我们可以在双方的关系中找到一定的位置。一旦我们的产品被广泛接受和订购，我们将在谈判期间拥有更强的议价能力。*”——来自 F&X 公司的访谈记录（贯穿本书，带有双引号的斜体部分是被引用的访谈记录）。

事实上，通过将供应商按照规模大小进行排序，并且从其中规模相对小的公司开始联系，表明 F&X 将公司规模也视为了影响力。然而在实践中，最大的潜在供应商是最感兴趣的供应商。这再次表明，公司规模不是赋予公司影响力的唯一方面。进入新市场的机会和开发能力等因素也需要考虑到影响力关系中。

5.1.3 实例总结

供应商评估和选择是一项重要的业务活动。初始实例分析中的公司通过对供应商进行分类来管理供应商。M&M 将供应商分为战略和采购供应商。尽管 F&X 没有明确提及其分类，但在考虑合作时，它排除了较小的供应商。这与文献分析中的发现相对应，即供应商的角色各不相同，并且处于不同的买方-供应商关系。例如，Kamath 等（1994）将供应商分类为标准零件供应商、简单产品组装商、复杂产品组装商和合作伙伴。正如 Stremersch 等（2001）所指出的，对不同类型的供应商评估时应根据不同的采购标准进行。

影响力影响买方-供应商的关系和公司选择供应商的决定。当危机发生时，M&M 试图将损失转移给其供应商或客户，而强大的合作伙伴则可能会拒绝承担任何责任。F&X 与潜在供应商的联系是按影响力的升序进行的，因为它认为强大的供应商对合作的兴趣较低。为了获得更多的议价空间，F&X 会在合作期间提高其自身能力并向其供应商展示其设计能力。正如在文献综述中所讨论的，影响力对绩效有影响，包括成本控制、定价策略、库存策略和信息交换。

"只有理解现存的影响力关系，买方和供应商才能完全理解他们管理关系的适当方式"（Cox, 2004）。实例分析中的公司将公司的规模等同于影响力，但在定义其影响力时也隐含了其他因素，如设计能力和进入新市场的需要。3.3.1 节分析了能够确定影响力的各种因素，如可供选择的供应商或买方、相对于供应商的销售量的购买量或转换成本。然而，无论是实践还是文献都没有涉及如何通过考虑这些因素来确定影响力关系的问题。

5.2 发动机制造公司及其供应网络

第二阶段的实例分析是在一家发动机制造公司进行的。该阶段实例分析主要围绕：①公司如何评价和选择供应商；②供应商和买方之间是否存在影响力关系；③公司如何理解和分析影响力。

5.2.1 公司介绍

这家发动机制造公司是一家国际型公司，其在不同国家分布有 100 多个子公司和 3500 个分销点，拥有可靠的产品和服务配送网络。图 5-2 是公司的简化供应网络，显示了其供应链网络成员的主要角色。

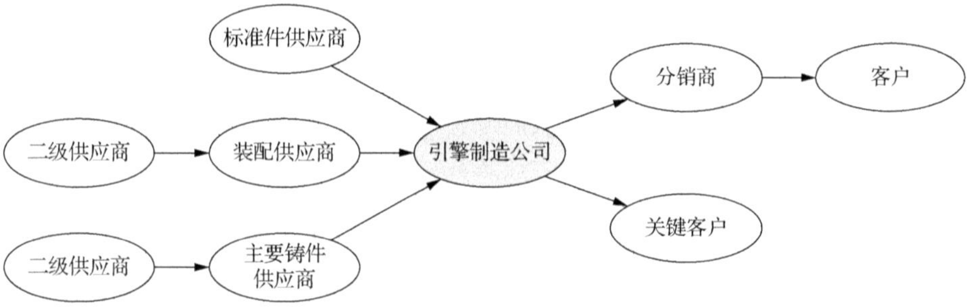

图 5-2　公司的简化供应网络

5.2.2　供应商、客户和经销商

该公司采用类别管理来替代供应商管理，因为其根据供应商提供的产品或服务的类别来管理这些供应商。一台发动机有成千上万个零部件，它们被分成标准部件和长研制周期零部件，如主要铸件和控制软件。该公司主要关注与后一类供应商的关系。这些部件是含有该公司知识产权，或者是有关该公司的产品差异化的组件。

这些供应商会被进一步细分。“*我们所做的是将供应商分类为 A、B、C、D 或 E。A 类意味着其为产品架构的一个核心部分。因此，我们首先考虑与这类供应商降低供应链的风险。B 类意味着从该供应商处能够快速获得零件，但是验证其性能则会需要很长的时间。C 归结为系统集成，它不是单独的一部分。因此，设计传播的风险更大。当到E 时，这是我们不会担忧的部分。因为我们知道我们可以从二级供应商那里购买。*”子装配商是一组特殊的供应商，其从零件供应商那里购买零件并为公司进行装配。根据产品的重要性，公司有时还管理为装配商和重要供应商提供产品的二级供应商。“*所以我们通过做市场调查来确定一个公司是否是我们想合作的供应商，因为从历史记录上看，该公司的供应商管理做得很好，而且其产品质量也很好。*”

公司拥有广泛的客户，从全球大品牌企业到小型私营企业。大多数客户由公司的经销商提供零部件和服务支持。经销商能够提供标准且定制的引擎。如果大客户有特殊需要，则由公司总部进行处理。有时，如果客户能够为公司增加市场价值，则公司会允许客户直接从供应商而不是经销商那里购买。例如，如果顾客“*想要买发动机，但是他想在第30天内进行后处理，可是我们通常都是在销售30天后进行后处理。虽然我们也可以提前提供，但对我们而言没有增加任何价值。所以我们要做的就是销售发动机，然后允许客户直接从供应商那里购买后处理*”。

5.2.3　供应商关系的重要性

公司70%～80%的产品组件都是购买的（Jarratt, 2004），因此及时交付与可靠的质量是很重要的。供应商的创新和技术能力影响着新产品的设计过程。公司非常重视选择符合公司发展战略的战略供应商，这类供应商会与公司合作确定最优设计方案，并与公司共享信息。“*而与战略伙伴，我们将与他们分享预测，坏消息和好消息……我们把这些能力给与我们的供应商，因为他们可以优化这些能力，而不是告诉他们我们想要这个或是那个特性。*”

尽管战略合作通常都是长期合作，但长期合作并不意味着战略合作。“*当我说长期，我们是由长期协议约束，但这并不一定意味着战略。我希望我们所有的长期合作伙伴都是战略合作伙伴，但遗憾的是，情况并非总是这样。*”给供应商投资来提高其能力和产品质量是公司的一种开发战略关系的方式。“*我们经常陷入进退两难的境地。因为对于战略伙伴是这样的，一旦我们做出战略性决定，即使供应商产品出现问题，我们也不太愿意替换该供应商。*”

5.3　公司的供应商评估与选择

企业整体战略指导供应商选择过程。它从商业战略远景开始，经过营销战略到产品战略，再到制造战略，然后到部件战略，最后决定供应商战略。

5.3.1 选择新伙伴

"我们没有太多机会更换供应商，因为我们不想总更换供应商……变更供应商的最大机会是当我们引进新产品时。"

1. 新产品导入过程中的供应商选择

供应商选择主要发生在新产品导入过程。新产品导入是公司用来开发、建造和交付优质产品给客户的过程。它首先从识别市场中增加价值的关键技术开始。然后，公司可以基于质量、物流、成本、开发和管理等约束标准来评估特定技术的供应商是否具有交付新技术的能力，并分析与之相关的风险。公司重视并鼓励客户和供应商参与新产品导入的整个过程。对于每一个新产品（即引擎），公司都会考虑："*我们将这个引擎定位到哪里？我们希望供应商建立在哪里？我们现在是否有正确的供应商，或者我们是否应该替换供应商？*"

2. 其他替换供应商的机会

除了季度战略评估，公司每周还根据关键绩效指标对供应商进行评估，如质量、准时交货和响应能力。战略伙伴不能轻易改变，即使其表现不佳。因此，可以通过影响力来促使供应商提高战略伙伴的绩效。公司不愿意更改战略合作伙伴，因为诸如转换成本和可替代的供应商等因素，这些因素给了战略合作伙伴对公司的影响力。这意味着需要评估影响力关系。

5.3.2 供应商分析方法

该公司使用分类矩阵对供应商进行分析，并且在分析过程中考虑了供应商一方的观点。

1. 供应商偏好分析

如图 5-3 所示，供应商偏好分析用于根据类别产品适合供应商业务的程度及类别给供应商带来的价值来对供应商进行定位。依据此分析，供应商可以分为如下四类。

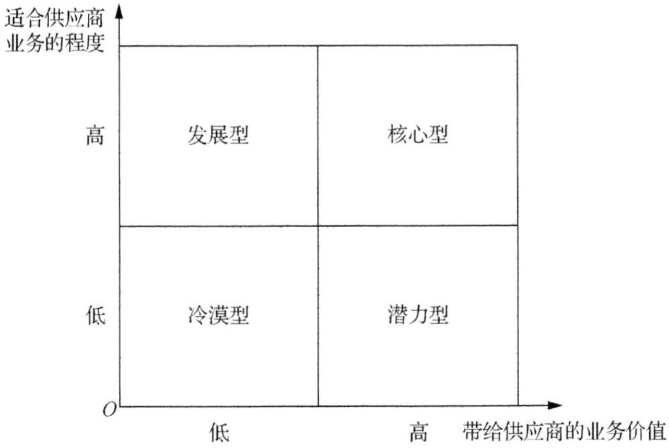

图 5-3　供应商偏好分析矩阵

（1）冷漠型：供应商认为该产品类别提供的业务对其不重要，因为它不提供显著的价值，并且不符合供应商的长期战略。

（2）潜力型：供应商认为该产品类别提供的业务对于其当前的成功意义重大，因为它提供了显著的价值，但它不符合供应商的长期战略。

（3）发展型：虽然该产品类别带来的价值较低，但是供应商认为所提供的业务非常适合其业务发展，并有动力与公司合作以发展业务。

（4）核心型：供应商认为这类业务对于其业务至关重要，并且非常积极地与公司合作以分享利润和竞争优势的增益；同时该产品类别带来的价值显著。

2. 组件类别分析

如图 5-4 所示，组件类别分析即根据供应风险以及组件给企业带来的价值来对组件进行分类。依据此分析，组件可以分为如下四类。

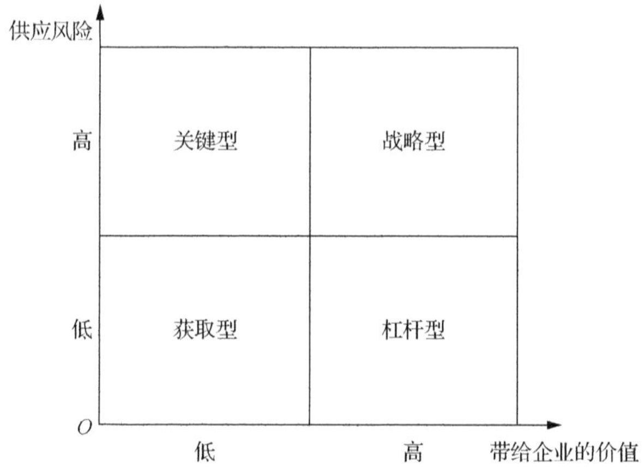

图 5-4　组件类别分析矩阵

（1）获取型：该类组件带给企业的价值低，同时其供应风险也低。

（2）杠杆型：该类组件带给企业的价值高，但其供应风险较低。

（3）关键型：该类组件带给企业的价值低，但其供应风险较高。

（4）战略型：该类组件带给企业的价值高，同时其供应风险也高。

3. 供应商分组

如图 5-5 所示，供应商分组基于供应商偏好分析的结果（图 5-3）和组件类别分析的结果（图 5-4）进行。其指出了供应商与公司之间的关系情况，指明供应商对公司业务和发展的影响程度。

（1）一般交易型：供应商的偏好是冷漠型或是潜力型，而组件类别是获取型或是杠杆型。当与供应商形成一般交易关系时，这类供应商对公司的业务参与程度很低，并且供应商对盈利的影响最小。

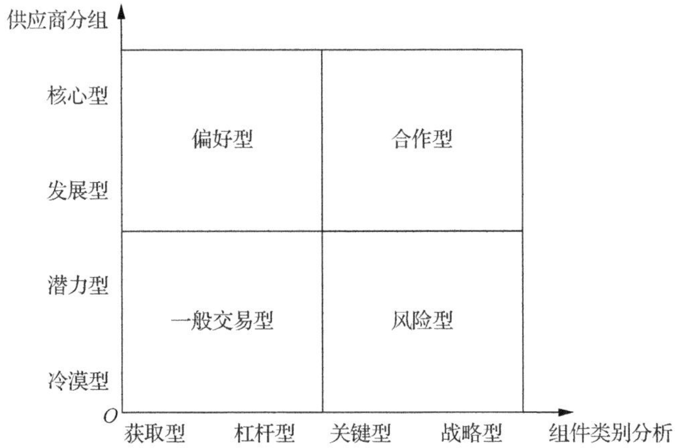

图 5-5　供应商分组矩阵

（2）风险型：供应商的偏好是冷漠型或是潜力型，而组件类别是关键型或是战略型。这类供应商会使公司面临风险，并可能对盈利产生负面影响。

（3）偏好型：供应商的偏好是发展型或核心型，而组件类别是获取型或是杠杆型。这类供应商能够最大化采购并积极进行商业参与，从而帮助维持公司的盈利能力。

（4）合作型：当供应商的偏好是发展型或核心型，而组件类别是关键型或是战略型。这类供应商能够与公司进行技术和商业合作，从而帮助维持公司的盈利能力和竞争优势。

5.4　公司对影响力的理解

影响力存在于公司与供应商之间，不仅影响两者的关系，也是解决公司与供应商之间潜在问题的一个重要方面。

5.4.1　影响力的概念

公司根据其购买量相对于供应商的总销售额来定义影响力。“*假如那里有 10 亿*

套的市场，如果一个供应商服务于其中的5亿，那么我们就知道他是最强大的供应商，而我们的购买比例就是我们看待我们有多少影响力的方式。因此，如果我们只购买了几十万套的服务，那我们对于该供应商根本不重要。因此，除了制定一个对他们而言能够愿意给我们这么小批量生产的价格外，他们不会做任何其他让步。”

例如供应商 Beta 是一个全球性的电子控制元件供应商，每年为该公司提供400000套电子控制模块。这个数量对一个非公路发动机制造公司来说，是一个很大的数量，但是与汽车工业中平台产品的订单量相比，却很小。这一数量在供应商 Beta 的整个市场规模中只占很小的比例，因此公司在买方-供应商关系中没有有力的地位。

在某些情况下，公司只有很少的可供选择的供应商，这就会导致对供应商的高度依赖的关系。“*当我们谈到排放技术时，我们必须使用只有某些少数公司拥有的技术和设备。所以你别无选择，只能去那些公司。因此，我们非常依赖其中一些公司。*”

转换成本也影响影响力，例如在与铸造供应商合作时，“*我们还要其考虑转换的成本……铸造供应商对我们有影响力优势，因为他们知道如果我们要换供应商，会被提前三年告知。因为我们不会说换就换，特别是当他们在工具压型方面有知识产权而我们没有。我们的供应商是有影响力的，这取决于我们开发一个新供应商需要多长时间*”。

品牌效应在公司与其总公司之间的议价起着影响作用，它与其总公司之间既具有子公司-总公司的关系，也存在供应商-买方关系。虽然作为子公司，公司的影响力是有限的，但作为一个品牌，它比它的母公司在某些国家更知名。因此，“*我们对总公司具有一定影响力，这是因为我们的品牌*”。这种品牌效应即是客户对供应商偏好。

5.4.2 影响力关系评估

如该公司的技术经理所指出的，影响力是涉及双方感知的问题。影响力只有在被感知时才生效。例如，通过记录供应商是否响应公司的请求来检验公司是否有影响力。公司可能认为其对供应商有控制权，但如果供应商没有回应，公司可能会重新考虑其所具有的对该供应商的影响力。“*所以我们知道我们对拥有影响力的所有看法都是错误的。*”“*影响力是一种看法，而我们目前对影响力的定义并不够完善，没有包括影响力所应该包括的一切。*”因此，买方与供应商双方对影响力的感知对公司的决策具有一定的导向作用。“*我们看供应商所具有的影响力，他们看我们具有的影响力。每个人都会采取立场，知道该玩什么游戏。*”

影响力在某种程度上取决于公司对供应商的重要性，反之亦然。“*要么供应商需要你的业务，要么你对供应商有需求。*”因此，当一个供应商没有以同样的方式感知到影响力时，公司就会让其意识到这一点。“*供应商可能认为他们不需要你，但你需要说服他们。你必须和我们一起工作，看看我们带来了什么。*”

在这种情况下，影响力涉及了协商问题。对于一个新产品，供应商要考虑很多因素，例如供应商的财务稳定性或全球业绩。在评估影响力时，公司会问：“*他们比我们规模大吗？他们比我们规模小吗？他们会听我们说的话吗？*”公司将“*通过暗示我们拥有更多的影响力来试图在现实世界中谈判*”。公司试图通过展示自己的实力来说服供应商，即使公司想要与一个强大的供应商发展伙伴关系。例如，只有一个供应商可以提供特殊定制的传感器，供应商和公司都知道这种情况。因此，建立合作关系对公司来说是一个严峻的挑战。为了说服供应商成为公司的合作伙伴，公司可以基于其所具有的对外的影响力进行谈判：“*我们正在开发业务；我们拥有任何非公路发动机生产商中最高的销量。发展中国家正依赖柴油发动机，正向前发展，正不断扩大。我们很愿意和你一起工作打入这片市场。*”

5.5 应对不均衡的影响力

如影响力分析文献综述所述，不均衡的影响力可能导致各种影响。本节介绍其对公司的影响以及如何分析影响力关系。

5.5.1 影响力的影响

影响力不均衡的直接结果是供应商可以拒绝公司的请求。有时，这种不均衡的情况也会影响双方的沟通、谈判甚至合作。

（1）订单变化：当发动机制造量发生变化时，例如下个月产量翻倍，公司会联系它的供货商，询问是否可以在下个月增加供货量。供应商 Beta，作为一个强大的供应商会说：“*对不起，我们已经达成协议。如果你们不能提前 6 个月告诉我们，那就是你们现有的就是你们能得到的。*”但是如果是一个依赖于公司业务的供应商，公司可以要求供应商进行额外的轮班生产更多的部件。

（2）超额成本：公司会计算实际成本。如果供应商销售价格高于预计的 10%，公司会要求查看供应商的账面信息，以了解其价格超高的原因。如果是由于供应商过程低效，公司则会尝试与供应商合作来改善供应商的过程，以降低成本。然而，这种方式对于大的供应商则行不通。

（3）质量问题：公司会监测供应商的绩效。当发现主要的供应商的表现不如以前那么好时，公司可以通知这些供应商，但是这些供应商可能什么都不做。但如果是依赖于公司的供应商，则供应商通常会迅速做出反应，以解决问题。“*影响力在沟通方面很重要。*”

（4）组件的淘汰：公司收到供应商 Beta 的通知，说供应商 Beta 正在考虑更换所提供的 ECM，因为这种类型的 ECM 在市场上的需求很小了。该供应商只给公司留下了两个选择，要么以同样的成本生产更大量的产品，要么多付 20%的费用。“*这是他们谈判的方式，因为他们有能力这样做。*”“*如果我们有一个非常强大的供应商坚持改变一些东西。这对我们的客户来说是个真正的问题。*”

（5）新的区域供应商：当在新区域开设新的制造设施时，公司寻求新的战略伙伴关系。虽然供应商 Beta 已经在当地具备了一些制造能力，但是公司可能仍然更喜欢开发供应商，而不是选择与供应商 Beta 合作。原因在于大的供应商“*他们随时有可能告诉我们他们不再制造这些产品，进而导致我们的销量突然下降，这将会带来损失和惩罚*”。

（6）组件开发成本：公司将推出新产品，其将购买定制的 ECM，这将需要高投资。如果是大客户需要这类新的 ECM，则供应商 Beta 将承担此开发成本。但对于该公司，供应商 Beta 将收取开发费用。

影响力也可能产生于特定的知识。在完全机械式发动机的时代，公司习惯于设计发动机中的每一部分，并且知道详细的技术和执行方式。因此当购买零件时，如汽缸，公司可以纠正供应商。“*我们可以告诉我们的供应商：‘嘿，你把汽缸弄得太薄了。’他们必须相信我们，因为我们知道他们将如何工作。如果他们做铸造、调制和加工，我们再一次可以告诉他们‘你们没有进行适当的铸造。’*”

5.5.2 五力模型的应用

公司使用 3.2.2 节中所讨论的 Porter 的五力模型来分析其市场情况，包括与供应商之间的关系。像钢厂这样的供应商的影响力很高，因为商品在市场上的价格由这类供应商控制。买方的影响力来源则不同。当买方拥有设计控制权，并且在市场中有许多备选资源时，买方影响力就很高。在公司里，关于影响力的理论工作很少，没有工具可以评估谁有影响力优势，以及如何在战略层面上理解影响力。“*我认为我们在学术上对影响力的理解很有限。我们对影响力定义没有包括影响力应该有的一切。*”虽然公司试图使用 Porter 的五力模型，但公司仍然很难对影响力关系有一个全面的了解。“*我们确实会考虑这些因素。但我不知道我们是否用得那么好。*”

5.6 本章小结

实例研究证实了本书在文献分析中确定的研究空白，即影响力分析没有被包括在供应商选择中。尽管受访公司了解影响力对双方关系的影响，但如何结合影响力关系选择合适的供应商仍是一个问题，同时缺乏能够提供影响力不平衡衡量的方法和工具。

依据分析结果，公司对影响力的理解都是基于简单的考量。M&M 和 F&X 视公司规模为影响力，发动机制造公司则认为影响力来自购买量占供应商销售总量的比例。然而，可用的替代品、转换成本、品牌也出现在影响力的讨论中。这表明影响力实际来自多个方面。虽然该公司使用 Porter 的五力模型来分析哪些方面影响了供应商和买方的影响力，但没有办法从整体上考虑所有这些方面来获得总体的影响力关系。我们还注意到“影响力”和“依赖”这两个词总是同时出现。

研究还表明，供应商是通过分类来管理的。例如，M&M 公司会把供应商会分成战略供应商和采购供应商两种。在发动机制造公司，供应商按照产品类别进行管理。这意味着对不同供应商的要求是不同的，并且对供应商进行分组有助于决策过程。

第6章　基于影响力与绩效的供应商分析方法论

文献综述和案例分析都表明，将影响力分析整合到供应商选择中存在研究空白。目前的大多数研究关注构建基于反映供应商潜在绩效的“硬”标准的供应商选择模型。本章提出了一种基于以下分析的供应商选择方法：①根据多约束标准分析供应商在所有备选方案中的潜在绩效；②根据一套“软”因素，即决定因子来分析供应商和买方的影响力关系。这两种分析结果通过六种不同的场景进一步对供应商进行分类与相对定位，这些场景表明供应商适合合作的程度。

6.1　理论构建

从实例研究中收集的信息支持绩效通常是评估和选择供应商的指标。影响力作为与供应商谈判的手段，对买方-供应商关系产生影响。我们在发动机公司和芯片生产商的实例分析中指出了绩效和影响力之间可能的相互作用。基于这些信息，本章提出了一种将绩效和影响力结合起来的方法论。本节讨论了两个概念：绩效和影响力，以及两者相互作用的概念模型。该方法论基于 Whetten 的理论建立的方法，其考虑了六个构建方面。第一方面是“什么”是建立该理论的相关构件。绩效和影响力是本方法论的两个重要的构件。绩效关系到供应商是否满足买方的要求和期望。影响力关系到公司能够影响关系质量以及与供应商合作的能力。第二方面是“如何”关联这些构件。绩效和影响力都会影响关于供应商选择的决策，因此两者相关。高绩效的供应商通常是首选的，但是影响力的不平衡则可能影响供应商是否会在实际合作过程中提供高绩效。前文描述的实例研究帮助分析两个结构之间的相互作用，即解决 Whetten 理论的第三个方面“为什么”，将影响力与绩效这两个构件进行并联并用于供应商选择。本书旨在一般性地选择供应商，而没有特别强调具体工业产业。这表明该理论在“何时/何地/何人”这三个方面的边界具有通用性。

6.1.1 绩效与能力的区别

大多数对供应商的选择和评估的研究采用“绩效”这一术语，有些研究在评估时区分供应商的绩效（performance）和能力（capability）。例如, Sarkar 等（2006）根据如何满足买方的目标来定义这两个术语，其中绩效标准是针对短期目标的标准，如价格、交货期和质量；而能力标准则是针对长期目标的标准，如技术和质量体系。本书对两个术语进行如下区分。

- 绩效：供应商做得如何或将做得如何。
- 能力：供应商能做得如何。

在对发动机公司的实证研究中包括实际绩效低于潜在绩效的例子。例如，当发动机公司从 2019 年发布的产品的三个供应商中选择时，供应商 Beta 的成本最高，因为其中包含开发成本。但是如果供应商 Beta 选择承担开发成本，便可以提供更便宜的价格，并且对于该供应商的大客户，该供应商是可以这么做的。这是供应商能做得如何和供应商将做得如何之间的差异，即能力和绩效的差异。这种差异指出了买方的可操纵空间，买方可以选择使用自己的影响力，如图 6-1 所示。纵轴为针对每个标准的能力和绩效的数据值，横轴为约束标准。议价的空间因标准而异，这取决于针对每个标准供应商提供什么以及供应商可以提供什么。

对于涉及业务特征的一些评价标准，如财务稳定性、质量体系认证和流程灵活性，绩效和能力是相等的。因为这类标准本身就是供应商能力的一种体现。

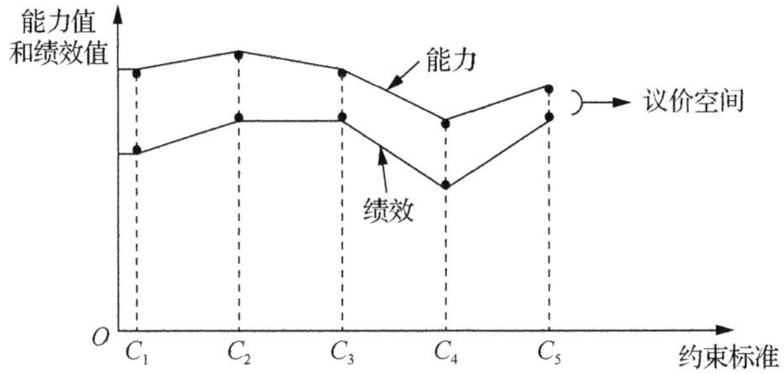

图 6-1　绩效与能力差别带来的议价空间

标准之间具有关联性，提高一个标准下的绩效可能会降低其他标准下的绩效。例如，供应商提供的价格为 100 元/个，交货期为 2 周。如果价格降到 90 元，则供应商就可能会要求将交货期延长至 3 周。在这种情况下，针对价格和交货期这两个标准，90 元和 2 周可以被视为该供应商的能力。买方可以利用其影响力寻求价格和交货期之间的平衡。

6.1.2　影响力定义中的依赖概念

如前文所讨论，对于影响力没有一个统一的定义。影响力被定义为能产生影响的能力（Yeung et al., 2009）、控制的能力（Hunt et al., 1974; El-Ansary et al., 1972）或是在他人的行为和决策中引起所期望改变的能力（Ganesan, 1994）。然而，针对目前买方和供应商关系的演变，这些定义中使用的术语是有问题的。“控制”可能过于强调敌对关系，不适用于买方和供应商之间的合作。“产生影响”和“引起所期望的改变”是影响力目的的表达，而不是描述影响力本身。考虑一下发动机公司使用影响力的方式，在许多情况中，该公司是一个强大的买家，但是它不会直接使用影响力来迫使供应商来满足它的要求。相反，影响力被视为与供应商谈判并影响发动机公司获得更好绩效的手段。F&X 恰当地描述了影响力，即“*影响力就是在合作中议价的能力*”。

然而，这些定义没有反映出影响力是由多个方面决定的，或者表明影响力可能是可评估的。本书采用 Ireland 等（2007）的定义，即影响力是一个多维结构，会产生一种影响，这种影响可以引起所期望的合作伙伴的行为。

影响力的决定因子反映了买方对供应商的依赖性以及供应商对买方的依赖性。例如，发动机公司将影响力定义为“*相对于供应商的销售量的购买量*”。供应商的收入依赖于买方的购买，买方购买的数量越大，供应商对公司的依赖性越强，这种依赖性会产生影响力。Emerson（1962）的影响力-依赖关系理论指出，*A* 对 *B* 的影响力基于 *B* 对 *A* 的依赖，其中依赖与 *A* 在能通过 *B* 所实现的目标中的动机性投资成正比，以及与这些目标如在 *A-B* 关系之外实现对 *A* 的数据需求成反比。Pfeffer 等（2003）认为依赖是由对资源的控制和资源对组织的重要性的结合决定的。在这种情况下，资源指的是金融、物理资源及信息。

对资源的依赖会导致两个组织之间的影响力关系。以决定因子的“可供选择的买方”或“可替代的供应商”为例，当公司正在计划开发一种新产品时，由于只有少数合格的供应商，公司对供应商有相对较高的依赖性，进而给了供应商影响力。然而，依赖不能等同于全部影响力，其不是构成影响力的全部因素。针对该公司的母公司（也是该公司的客户之一），决定因子“品牌效应”给予发动机公司在双方关系中一定的影响力。虽然品牌效应不会造成公司与母公司之间的依赖，但它在双方关系中提供了议价的作用。文献分析中所收集的决定因子也表明，虽然依赖构成影响力的主要部分，但是也有其他独立的因素会引起影响力，例如决定因子“逆向整合的威胁”（即买方业务向后整合的能力或威胁）。这些独立的决定因子并不显示买方和供应商之间的依赖性，但却对供应商构成威胁并增加买方的影响力。

6.1.3 绩效与影响力的交互

如 6.1.1 节所讨论的，供应商绩效和供应商能力之间的距离留给买方议价的空间，影响力则是买方议价的手段。但是，买方的要求不应超过供应商的能力。例如，当供应商提供的价格高于计算成本的10%时，发动机公司可以使用其影响力要求供应商向其公开账户信息以了解原因。如果高成本是由于低效率的制造工艺造成的，发动机公司可以与供应商一起改进工艺。在这种情况下，高于预期10%的价格就是绩效，而降低后的价格就是能力。影响力使供应商的绩效朝向能力发展，即从原来的价格到降低后的价格。公司和供应商都可以从这个过程中受益。

该案例还表明，影响力可能对供应商能力产生间接影响。同时，供应商能力的提高也会增加其自身的影响力。假设降低的价格使供应商比潜在的其他供应商提供的价格更便宜，这便给这个供应商提供了将来与发动机公司谈判的资本。公司为了提高供应商的能力付出的努力增加了其替换该供应商的成本，这也增加了它对该供应商的依赖。有时，依赖本身会影响能力。以F&X的案例为例，制造商期望进入特定市场的想法促使了双方的合作，同时在某种程度上依赖于F&X来快速地将产品投入市场。这种依赖性鼓励制造商为F&X提供测试和改进其设计的机会。

基于以上讨论，图6-2给出了影响力、依赖、绩效和能力之间的交互模型：①供应商绩效和能力之间的差距产生了议价的空间；②一方对另一方的依赖是影响力的重要组成部分；③如果强大的买方使用其影响力推动供应商，则买方相对于供应商的影响力优势可能导致更好的供应商绩效；④能力是买方能要求更高绩效的参考，因为它反映了供应商能做什么；⑤当买方使用其影响力帮助供应商时，买方的影响力对供应商的能力具有间接的影响；⑥当买方依赖供应商业务能力时，供应商的杰出能力会提高其自身的影响力；⑦由于买方的投资和支持，买方对供应商的依赖可能导致供应商能力的提高；⑧提升的供应商能力同时可以使买方更加依赖于该供应商。

在不同情况下，绩效、能力、影响力和依赖性之间的相互作用是不同的。图6-3（a）显示了发动机公司的交互。公司的影响力有助于提高供应商的能力，进而提供更好的供应商绩效。提高提供具有竞争力的价格和更好产品的能力却会增加供应商的影响力，这在一定程度上抵消了公司的影响力。供应商制造过程的改进能力增加了公司的依赖性，因为公司对供应商花费了时间和投资。图 6-3（b）显示了 F&X 案例中的交互。制造商对 F&X 的进入市场的依赖为 F&X 提供了提高能力的机会。这种改进的能力逐渐加强了制造商的依赖性，从而增加了 F&X 的影响力。

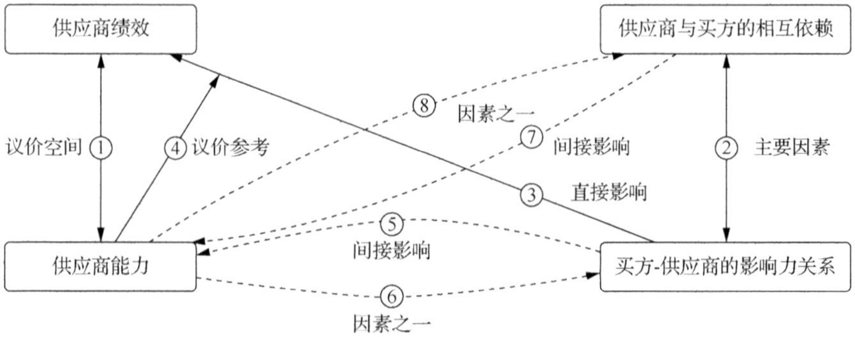

图 6-2　影响力、依赖、绩效与能力之间的交互模型

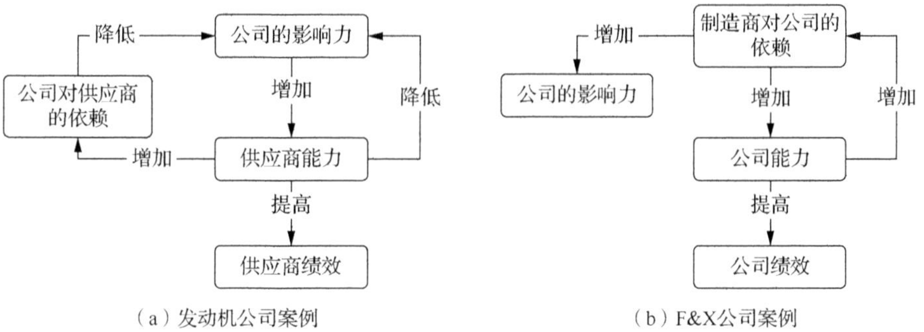

图 6-3　影响力、依赖、绩效与能力的交互举例

6.1.4　相对定位分析方法

绩效和影响力以及两者的交互是本书提出的“相对定位”方法的基础。“相对定位”包含三个方面，即某一供应商在全部供应商中的定位、供应商在买方-供应商影响力关系中的定位及供应商在集成绩效和影响力后的评估中的定位。因此该

方法在进行供应商评估时包含三个阶段：①绩效分析；②影响力关系分析；③综合分析（图 6-4）。

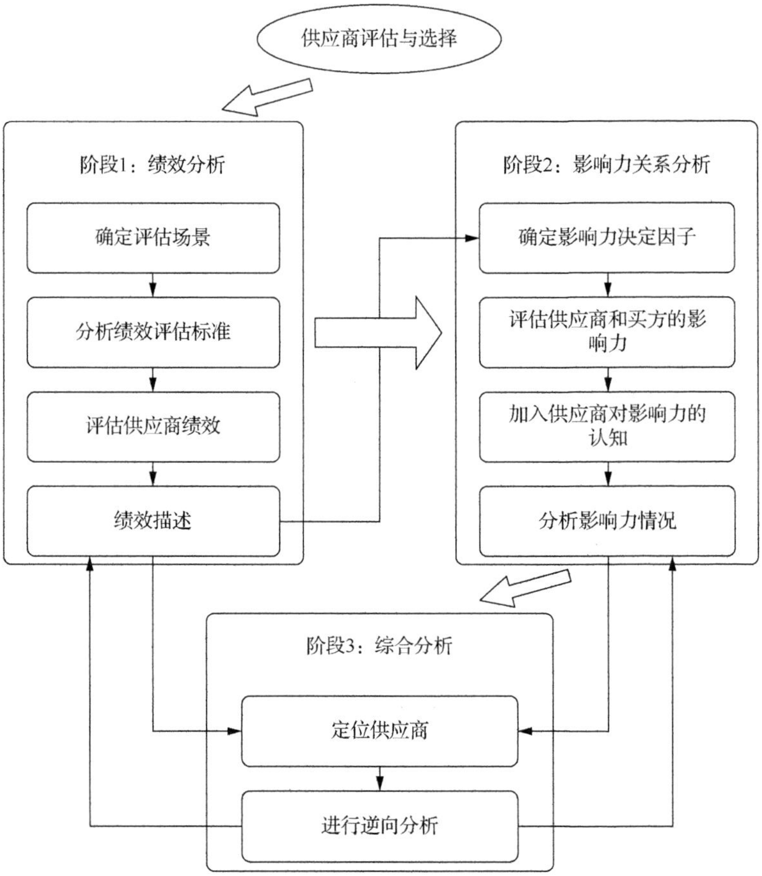

图 6-4　“相对定位”方法框架

绩效分析根据不同的标准来衡量供应商的绩效并分析供应商的优势与弱势，其包含四步。

（1）确定评估场景，依据供应商数量确定评估方案场景，6.2.1 节进行具体的介绍并讨论了不同场景下的要求。

（2）分析绩效评估标准，6.2.2 节提出了一个标准分类法，根据该分类法可以对收集的标准进行映射。

（3）评估供应商绩效，针对多标准的评估需要特定的决策方法。本书将分别对所提出的相对定位分析方法与计算绩效和影响力的决策方法进行介绍，因为后者涉及很多的数学解释。

（4）绩效描述，依据评估结果分析供应商的优势和弱势，将在 6.2.3 节中进行讨论。

在绩效分析之后将进行影响力关系分析，其也包含四步。

（1）确定影响力决定因子，6.3.1 节提出了一个决定因子识别模型。

（2）评估供应商和买方的影响力，根据所识别的影响力因素来分别计算供应商和买方的影响力。

（3）加入供应商对影响力的认知，6.3.2 节分析了供应商可能会如何看待影响力关系，即“供应商对影响力的认知”。加入该认知可以从供应商视角建立影响力关系，使得买方进一步了解供应商对合作的态度。

（4）分析影响力情况，影响力关系由买方和供应商影响力的比较结果决定。6.3.3 节总结了影响力关系的三种情况。

综合分析基于以上两个阶段的结果，包含两步。

（1）定位供应商，绩效评估结果和影响力关系情况一起决定了“合适的”供应商，6.4.1 节介绍了定位模型。

（2）进行逆向分析，当有多个“合适的”供应商时，逆向分析帮助确定最终的选择，6.4.2 介绍了如何通过分析绩效和影响力的细节来比较供应商。

绩效分析是同时对一组供应商进行评估，然而影响力关系分析是针对买方与一个供应商，因此第二阶段中需要对每个供应商都要进行影响力关系分析。绩效分析和影响力关系分析的进行顺序可以对调，但是所提出的方法更倾向于先执行绩效分析，因为其能剔除不合格的供应商，进而减少评估的供应商数量。

6.2 供应商绩效分析

绩效分析首先要确定评估场景，因为其决定了采用什么样的决策方法进行计算。然后用本书提出的四级标准分类法制定评估标准，并对潜在供应商的绩效进行评估和排名。根据结果，本节所提出的供应商绩效评价模型展示了各供应商的优势和弱势。

6.2.1 评估场景

在实例分析中，存在两个相对简单的场景。第一个场景，只有一个可供评估的供应商。如发动机公司的技术经理所说：“*我们甚至有一些供应商，比如说柴油排气液传感器。他们也许是世界上唯一生产这种传感器的供应商。我们知道，他们知道……*”在这种情况下，公司没有能够选择的余地，但是却会监控供应商。另一种场景是公司评估一组可能已经在不同供应链中的供应商。“*如果它是一个全新的供应商，那么存在巨大的风险。我们不会采用一个全新供应商来提供关键组件。*”例如，当公司考虑建立战略伙伴关系，以建立新的制造设施时，他们更喜欢使用过去与他们成功合作的供应商。

de Boer 等（2001）区分了两个场景：单一供应商和多个供应商。此外，案例分析中还指出了第三个场景，即从不同的产品线中的现有供应商集合中进行选择。图 6-5 总结了这三种评估与选择场景。

三种不同的场景对评估决策方法的要求不同。

（1）单一供应商，这种场景通常发生在选择策略型合作伙伴或是评价某一特定的供应商。描述性的表达值，如“差”“可接受”“优秀”比数值性的值在评估时更合适，因为其能够使买方直观地认知供应商。

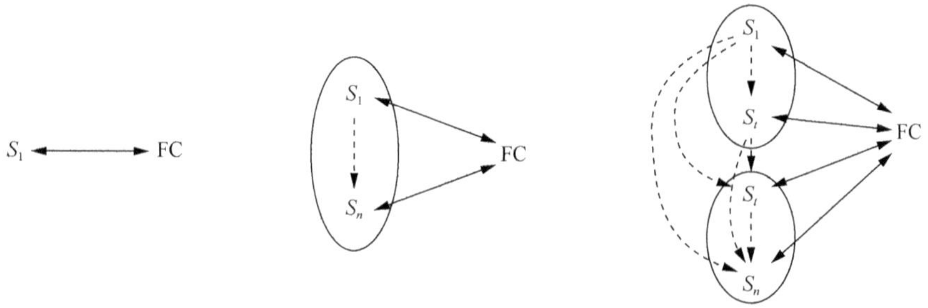

图 6-5　供应商评估场景分类

（2）一组可选的供应商，这是在供应商选择中最常见的场景，这些供应商均能为买方提供相同的产品。文献分析中提到所有的决策方法都可以使用。数值性的值能更清楚地区分各个供应商的绩效。当供应商集合很大时，可以通过预选择来排除不合格的供应商，以便降低问题的复杂性和决策者所需付出的代价。

（3）跨组供应商集合，这种场景通常发生在从现有的供应商集合中进行新产品的供应商选择。由于这些供应商可能来自不同的产品供应链，那么衡量其绩效的参考值就不具备可比性，因此采用主观判断（即采用描述性的判断值）更适合对供应商进行比较。

6.2.2　四层标准分类法

随着供应商与买方从传统的买卖关系演变到伙伴关系，对供应商的选择也越来越谨慎，所考虑的标准也越来越多，因此需要对标准进行分类。如 2.2 节所述，有必要根据供应商的类型对标准进行分类。大公司有自己的供应商分类，例如，发动机公司根据供应商对公司业务的贡献程度对供应商进行分类，M&M 公司将供应商分为战略供应商和采购供应商。本章选择供应商整合作为对供应商进行分组的一种方式，它反映了供应商对买方业务的参与程度。

本书从现有文献抽取一个四层标准分类法，主要基于 Ghodsypour 等（1998）

的供应商集成的五层划分和 Chan（2003）的买方-供应商交互的五层划分。表 6-1 列出了这两个研究提出的分类以及两者的区别。

表 6-1　供应商集成的五层划分与买方-供应商交互的五层划分对比

层次	Ghodsypour 等（1998）	Chan（2003）	区别
1	无集成	临时的基本关系层次	没有区别，两者都强调简单的买卖关系
2	物流集成	临时操作关系层次	前者关注物流绩效，后者关注产品的外观、成本和质量三个方面
3	操作集成	周期性操作关系层次	两者都关注过程能力。前者强调 JIT/TQM 系统的全面实现，例如产品线。后者强调的是产品设计和制造过程，例如生产方法
4	更深层次的集成	长期的战术关系层	两者都强调人力资源对产品和过程的控制
5	商业伙伴	长期的战略关系层	两者都强调战略伙伴关系

尽管上述两个分类法相对比较完善，然而仍然存在缺点，因为对物流方面的考虑和临时性关系应该结合到一起。Ghodsypour 和 O'Brien 的分类法将物流集成看成一个独立的层次，然而其应该作为集成的一个方面，因为物流集成也可以分成操作关系、战术关系和战略关系三个层次（Bennett et al., 2012）。尽管 Chan（2003）的分类法很好地区分了不同的决策层次，但是其在任何一层都没有考虑物流方面。本书将两个分类进行结合，提出了一个四层分类法。

（1）第一层——基本关系。无论买方还是供应商都不考虑对方的长期利益，供应商不向买方提供特殊或者主要产品，主要考虑的标准为价格和质量。

（2）第二层——操作关系。供应商在买方公司的日常操作中有比较重要的地位，买方比较关注供应商能够保证及时供货的能力。因此，除了日常物流绩效的评价标准，如交货时间和生产建立时间，能确保稳定持续的产品交付能力的因素，如生产能力和运输基础设施也需要考虑。

（3）第三层——战术关系。买方和供应商进行中期目标的合作，包括协调性计划、问题解决以及继续改进。产品和过程能力以及供应商的企业文化、财务状况都需要考虑。同时由于双方会合作来增加效益和进行产品未来的改进，供应商的承诺和信任也需要考虑。

（4）第四层——战略关系。买方和供应商进行长期合作。除了要考虑第三层中的能力、财务、承诺和信任等标准，供应商的潜在发展能力也需要考虑，如未来的技术开发和未来的制造能力。此外，市场情况包括市场调研、市场份额和年销售增长率都需要考虑。由于该层次的买方-供应商关系需要紧密合作和交互，良好的沟通能力也是很重要的，并且供应商需要遵守相关政策和标准。

6.2.3 绩效描述模型

建立绩效描述模型是为了更好地比较绩效评估结果接近的供应商。本书采用 Liu 等（2019）基于供应商绩效分析供应商的优势（strength）、弱势（weakness）、机会（opportunity）和威胁（threat）的 SWOT 矩阵来建立绩效描述模型。SWOT 矩阵分析是通过识别影响商业目标实现的内部和外部因素，在组织或商业层面分析这四个方面的一种规划方法（Pickton et al., 1998）。Liu 等（2019）的研究借用了这个概念来解析供应商的绩效。矩阵的两个维度分别为标准的权重和供应商针对该标准的得分。前者代表了该标准对买方的重要性，后者表明了供应商在该标准下的绩效，两者的结合被称为权重绩点。图 6-6 展示了该 SWOT 矩阵，针对所提出的两个维度，供应商的权重绩点分散在四个象限。

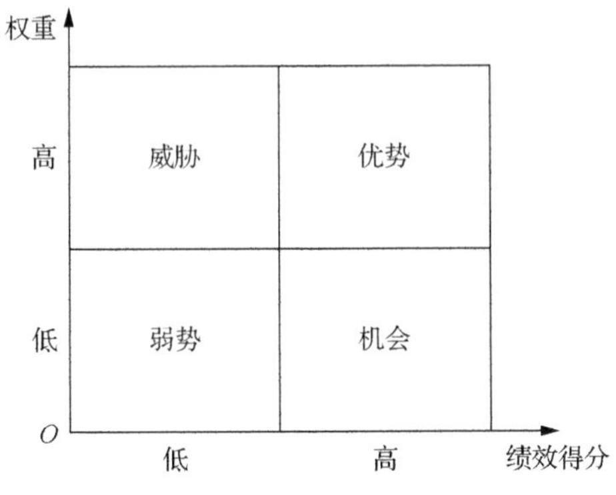

图 6-6 分析供应商绩效的 SWOT 矩阵

（1）优势：标准比较重要并且绩效得分比较高。当一个供应商有较多的权重绩点分布在该象限时，该供应商为首选。

（2）弱势：标准不重要并且绩效得分比较低。分布在该象限的权重绩点代表了一个供应商的弱点所在，但是对于买方来说并不重要。

（3）危胁：标准比较重要但绩效得分比较低。如果一个供应商有较多的权重绩点分布在该象限，则与该供应商合作会增加买方的风险。

（4）机会：标准不重要但绩效得分比较高。分布在该象限的权重绩点代表了一个供应商潜在的能力，尤其当买方改变权重时，这些绩点可能会变成供应商的优势。

有较多的权重绩点分布在优势象限和机会象限可能意味着优秀的整体绩效。相反地，有较多的权重绩点分布在弱势象限和威胁象限时则可能导致较差的整体绩效。当一个供应商的大部分权重绩点分布在威胁象限和机会象限时则其整体绩效可能是可接受的，因为一个维度上的低值和另外一个维度上的高值为整体绩效提供了“平均”值。图 6-7 给出了 SWOT 矩阵和整体绩效的映射。SWOT 矩阵可以针对某一特定供应商分析其优势和劣势。买方尤其应该关注那些处于威胁象限的权重绩点，因为这些标准对买方来说很重要，但供应商的绩效却较差。该矩阵也可以帮助买方进一步比较供应商。

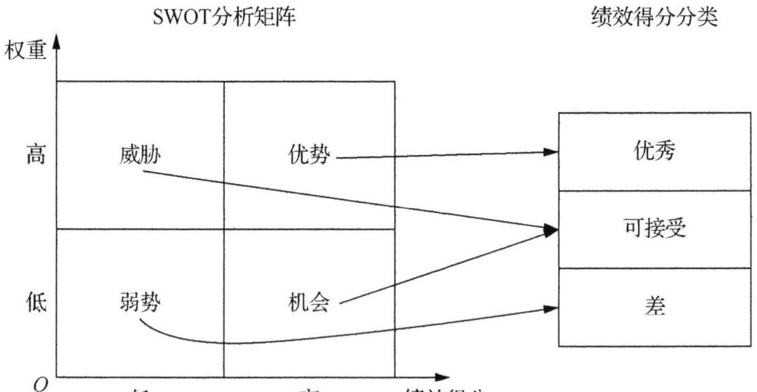

图 6-7　SWOT 矩阵与整体绩效分类的映射

假设两个总体绩效接近的供应商，其中有较多权重绩点分布在优势象限和机会象限的供应商应优先考虑。

为了监控供应商，SWOT 分析可以扩展分析一个权重绩点从一个象限到另一个象限的转化。当买方改变优先级或供应商改变其绩效时，会发生两种过渡转化。图 6-8（a）展示了当买方改变其标准上的优先级时所可能发生的垂直转化。当一个标准从重要变得不重要时，如果该标准下的权重绩点处在威胁象限中，则其可能会落到弱势象限；而如果该权重绩点处在优势象限则会落为机会象限。相反，如

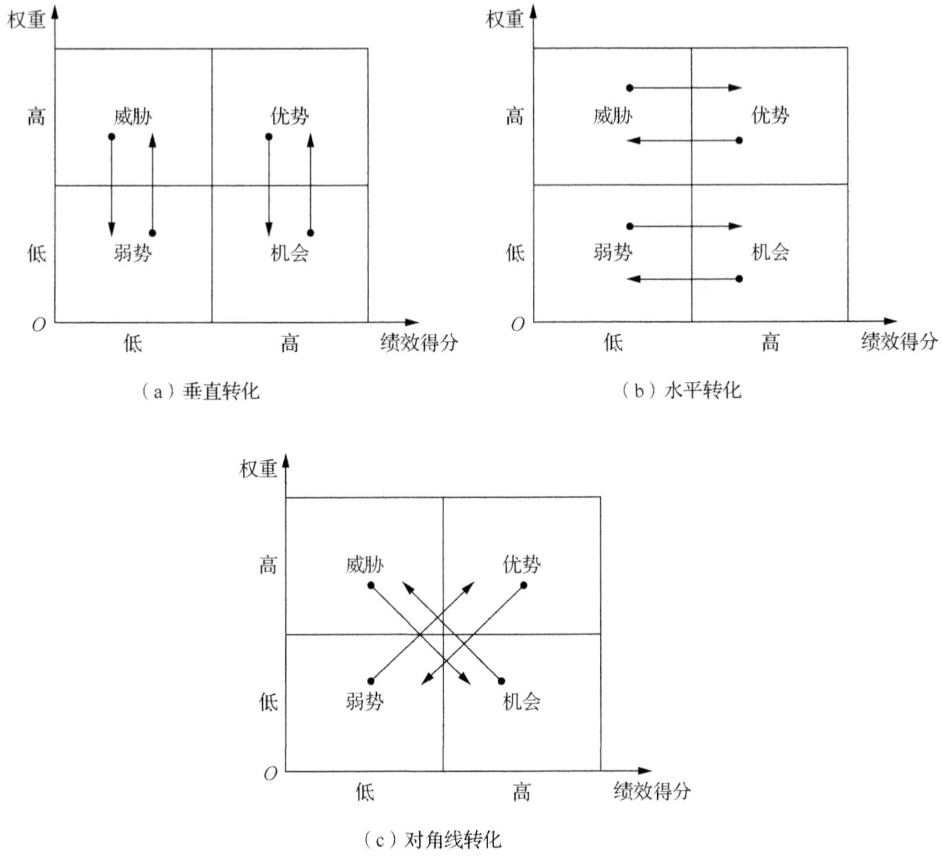

图 6-8　SWOT 转化趋势

果一个标准权重增加，其对应的权重绩点弱点就会从威胁象限转到机会象限，或是从弱势象限转到威胁象限。仅考虑这一转变，在优势象限和机会象限中具有更多权重绩点的供应商是首选；在这两个象限中具有相似数量绩点的供应商可以互换。

图 6-8（b）展示了当供应商改变其绩效时会发生的水平转化。当供应商提高了其绩效，则位于威胁象限的相应绩点会朝着优势象限发展；如果绩点位于弱势象限则会朝着机会象限发展。当供应商降低其绩效时，相应绩点的转化与其提高绩效时的转换恰好相反。这种转化意味着如果买方想要获得一个更好的整体绩效，其应该帮助供应商提高其落在威胁象限和弱势象限绩点的绩效。图 6-8（c）展示了对角线转化，这种转换来自买方和供应商的同时改变，即买方改变标准的权重时供应商改变了相应标准下的绩效。

这些转换帮助买方理解供应商绩效提高或是降低的原因。表 6-2 给出了一个简单的例子，该例子中包含供应商 S_1、两个标准 C_1（交付时间）、C_2（技术能力）。在最初阶段，该供应商的整体绩效属于可接受的，值为 4.6，在该阶段，C_1 对应的权限绩点位于机会象限，而 C_2 对应的权限绩点位于威胁象限。3 个月后，S_1 的整体绩效提升到优秀层次，值为 5.8。6 个月后，S_1 的整体绩效依然处在优秀层次，值也为 5.8，但是其中发生了转化。

表 6-2　转化举例

时期	C_1（交付时间）					C_2（技术能力）					整体绩效	
	权重		绩效得分		SWOT	权重		绩效得分		SWOT	分数	分类
	值	高/低	值	高/低		值	高/低	值	高/低			
初始阶段	0.4	低	7	高	机会	0.6	高	3	低	威胁	4.6	可接受的
3 个月后	0.7	高	7	高	优势	0.3	低	3	低	弱势	5.8	优秀的
6 个月后	0.4	低	7	高	机会	0.6	高	5	高	优势	5.8	优秀的

根据表 6-2，买方 3 个月后从 S_1 处得到的绩效提升到了优秀，究其原因是垂

直转换，C_1 和 C_2 的权重发生了改变，但事实上 S_1 针对这两个标准的绩效并没有提高，与初始阶段一样。6 个月后，S_1 的整体绩效依然优秀，与初始阶段的可接受的绩效相比是由于发生了水平转化，即 C_1 和 C_2 的权重与初始阶段相同，但是供应商在 C_2 下的绩效提高了。尽管在 3 个月和 6 个月后供应商 S_1 的整体绩效都变成了优秀，但是只有 6 个月后的评估中才存在绩效"真正的"提高。

6.3 影响力关系分析

如前面章节所讨论的，有关影响力评估的文献很少，很重要的原因在于影响力决定因子难以确定。本书提出了一个影响力决定因子识别模型，用以帮助决策者分析决定哪些因素可以用来评估买方和供应商影响力的决定因子。在此基础上，本书还提出了影响力感知因子这一概念，来帮助买方从供应商的角度分析影响力关系。评估的结果最终用来进行影响力情景分析，其确定了影响力关系的特征。

6.3.1 影响力决定因子识别模型

通过分析从文献和案例中抽取的影响力决定因子，可以发现一些因素来自于买方-供应商关系相关的内部环境，比如对买方业务的重要性、对买方成本结构的影响和对买方产品功能的重要性。前两个因素通过影响买方的业务使得供应商具有影响力，而第三个因素则是来自产品层次的供应商影响力。其他因素与外部环境有关，不局限于特定的买方-供应商关系，比如可供选择的供应商数量。基于以上分析，本章提出了如图 6-9 所示的模型用以识别影响力决定因子。

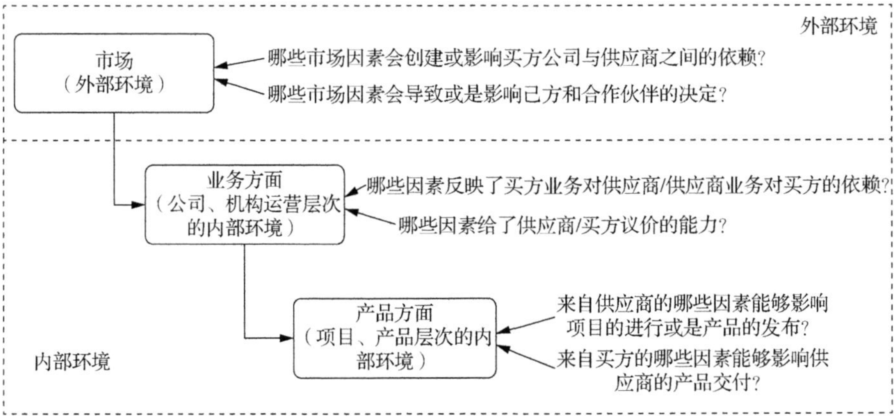

图 6-9　影响力决定因子识别模型

如图 6-9 所示，买方应从三个方面来确定己方和潜在供应商的影响力决定因子，这三个方面介绍如下。

（1）外部环境，即市场。通过回答两个问题来帮助买方确定决定因子：①哪些市场因素会创建或影响买方公司与供应商之间的依赖？比如可供选择的供应商数量和可供选择的买方数量均为该问题的答案之一。②哪些市场因素会导致或是影响己方和合作伙伴的决定？客户对品牌的偏好就是一个例子。外部环境也会受到其他方面的影响比如社会性规则，但本书只考虑来自市场所带来的环境。

（2）内部环境之业务方面。考虑对买方企业生存、成功和成长的影响。通过回答四个问题来帮助买方确定决定因子：①哪些因素反映了买方业务对供应商的依赖？比如买方对供应商的转换成本。②哪些因素给了供应商议价的能力？比如供应商正向整合的威胁。③哪些因素决定了供应商业务对买方的依赖？比如买方购买数量占供应商销售的比例。④哪些因素给了买方议价的能力？比如买方反向整合的威胁。

（3）内部环境之产品方面。反映了来自产品层次的影响因子，通过回答两个问题来帮助买方确定决定因子：①来自供应商的哪些因素能够影响项目的进行或是产品的发布？对供应商可靠交付的依赖就是一个例子。②来自买方的哪些因素能够影响供应商的产品交付？例如供应商对买方技术和专业知识的依赖。

6.3.2 影响力感知因子

影响力可以通过多种决定因子得到相对客观的判定。然而，只有当其被感知时才能成为影响力。正如发动机制造公司的技术经理所说，“*我认为我们对影响力的处理比较浅显。影响力是一种感知，而不是一个事实。*”例如，F&X 最初甚至没有考虑与其当前的供应商合作，因为他们认为其公司对于大型供应商来说是一个微不足道的客户。然而，F&X 没有意识到该供应商有进入市场的需求，这实际上给了 F&X 一个优势。尽管总体而言，该供应商仍然比 F&X 强大得多，但对这一优势的认知缩小了两者差距。

影响力关系涉及的两方，即买方和供应商，对该关系的感知很可能不同。如果双方的感知不一致的话，那对于买方来说影响力关系的运作方式则是不可预测的。如果从供应商的角度来分析双方的影响力关系，上述的不可预测性也存在。但是由于本书关注的问题是供应商选择的决策支持，因此大多数讨论均从买方的角度出发，即在本节中从买方角度去分析供应商对影响力的看待。双方的影响力感知存在以下三种可能。

（1）客观感知，双方的感知一致。买方和供应商对彼此的优势和劣势都很了解。“我们甚至还有一些供应商，比如柴油废气油液传感器。他们可能是世界上唯一的传感器供应商。我们知道，他们知道。所以你没有很多选择，除非按照他们的要求去做。”（来自发动机公司）这种情况下的影响力评估相对客观。

（2）乐观感知，即一方低估了另一方的影响力。“他们可能会认为他们不需要你的业务，你要做的是改变这种看法。比如向对方展示能为其业务带来的所有价值。”（来自发动机公司）如果供应商是乐观感知，容易导致其认为是其在影响力关系中占主导地位。

（3）悲观感知，即一方低估了己方的影响力。如果供应商是悲观感知，容易导致其认为是买方在影响力关系中占主导地位。

6.3.3 影响力情景分析

影响力关系最终由买方和供应商的影响力比较决定。基于比较结果存在三种影响力关系情景，如图 6-10 所示。

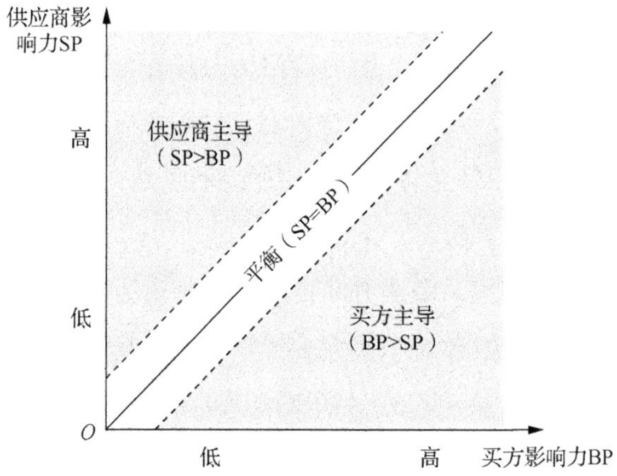

图 6-10 影响力关系情景

（1）供应商主导：供应商影响力大于买方影响力（SP > BP）。

（2）买方主导：买方影响力大于供应商影响力（BP > SP）。

（3）平衡：供应商影响力与买方影响力几乎相等（SP = BP）。

依赖构成了影响力的主要部分，在某种程度上反映双方对合作的需求。通过比较供应商与买方对彼此的依赖，存在四种可能的合作态度，如图 6-11 所示。当供应商对买方的依赖很高时，供应商很可能更积极地与买方发展合作关系。相反地，当买方对供应商的依赖很高时，买方则会更积极。当双方对对方的依赖都很低时，买方和供应商都不会积极。然而当双方对对方的依赖都很高时，双方均会积极促进关系的发展，这种情况就容易形成伙伴关系。

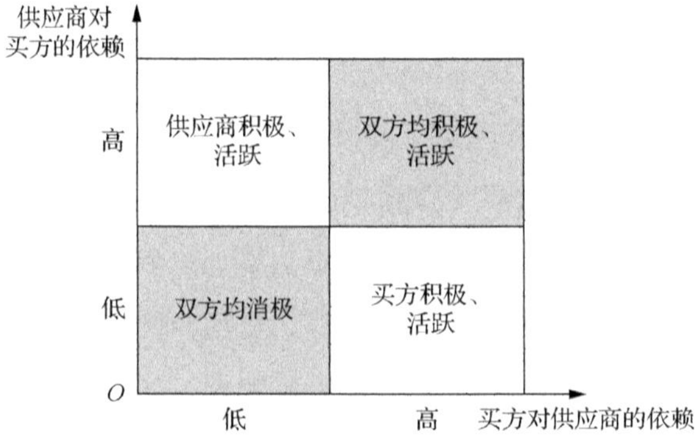

图 6-11　基于依赖的合作态度

由于存在不同的感知，即客观感知、乐观感知和悲观感知，影响力情景发生水平或垂直转化。如图 6-12（a）所示，当供应商的乐观感知朝向客观感知转变时就会发生水平转化。例如供应商 *A* 是买方 *B* 唯一的供应商，而 *B* 却不是 *A* 唯一的买方。然而 *B* 的购买量占了 *A* 全部销售量的 60%，同时给 *A* 能够提供重要的商业机会。在客观感知下，这种情况属于平衡状态，如图 6-12（a）中的平衡区域的空心圆所示。

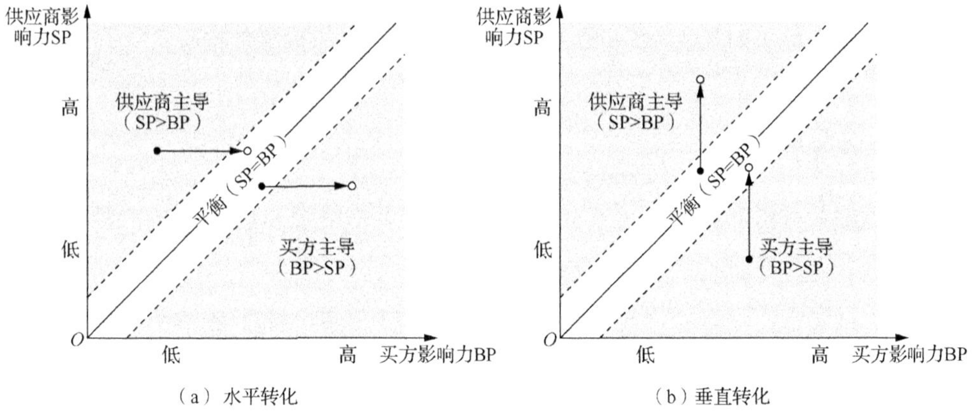

图 6-12　影响力情景转化趋势

如果没有意识到 *B* 可能提供的商业机会，*A* 会低估 *B* 的影响力，进而认为在

与 B 的影响力关系中其占主导位置，即如图 6-12（a）供应商主导区域的实心圆所示。一旦 A 意识到了该机会，影响力关系会从供应商主导转向平衡。这种水平转换对买方是有利的，因为转换的结果均是买方在影响力关系中地位的提升。买方应该努力使供应商充分意识到它的影响力。

垂直转换发生在供应商的悲观感知朝向客观感知转变时，如图 6-12（b）所示。比如，如果供应商不清楚买方替换其作为供应商的成本，也不了解其在买方业务中的重要性时，供应商就会低估己方的影响力。如果该供应商在合作过程中逐渐意识到这些时，影响力关系就会发生垂直转换。这种转换对买方来说是不利的，因为转换的结果均是买方在影响力关系中地位的降低。从买方的角度来说，最好使供应商维持悲观感知。

6.4 基于绩效和影响力的综合分析

绩效分析指出了供应商的绩效结果，影响力关系分析表明了买方与供应商的关系情景。通过将两种分析结果进行综合，确定供应商是否是一个合适的供应商，在何种程度上处于对买方有利的位置，进而为供应商选择提供指导。

6.4.1 供应商定位

根据绩效分析和影响力关系分析的结果，可以得出图 6-13 所示的六种供应商定位情景。这些情景均从买方的角度分析。

（1）理想型：该供应商拥有优秀的绩效并且与该供应商的影响力关系为买方主导。这种情况下，买方不需要对供应商进行任何投资就能获得优异的绩效。并且由于买方主导买方-供应商关系，其可以确保在合作过程中所得到的绩效一直维持在较好的状态。

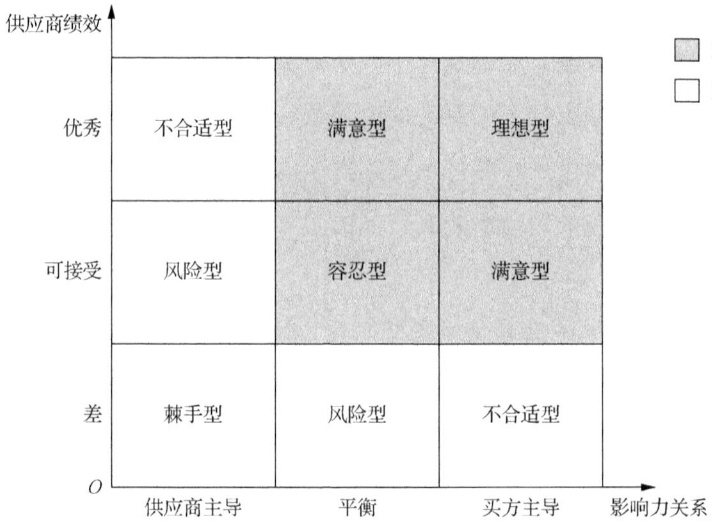

图 6-13　供应商定位模型

（2）满意型：两种情况会产生满意型供应商。①买方主导影响力关系，并且该供应商的绩效是可接受的。这种情况下，买方可以使用其影响力来促使供应商提高其所提供的绩效。②双方处于平衡的影响力关系，并且供应商的绩效是优秀的。这种情况下，不需要买方再进行议价就能获得更好的绩效，并且供应商很大程度上不会在合作过程中降低其绩效。

（3）容忍型：双方处于平衡的影响力关系并且供应商绩效是可接受的。这种情况下，尽管买方没有任何优势来向供应商要求提供更好的绩效，买方仍然能得到可接受的绩效，并且供应商很大程度上不会在合作过程中降低其绩效。

（4）不合适型：两种情况会产生不合适型供应商。①买方主导影响力关系，而该供应商的绩效较差。尽管买方可以使用其影响力来促使供应商提高其绩效，但是需要花费精力来与供应商议价。尤其这种较差的绩效来自该供应商较差的能力时，需要时间才能达到可接受的供应商绩效，并且很可能需要买方进行一定的投资和帮助。②供应商主导影响力关系，而该供应商的绩效优异。这种情况下，供应商很有可能降低其实际提供的绩效并且要求更多对其有利的条件。

（5）风险型：两种情况会产生风险型供应商。①双方处于平衡的影响力关系，而且该供应商的绩效较差。这种情况下，买方无法通过议价来要求供应商提高其绩效。②供应商主导影响力关系，同时该供应商的绩效是可接受的。这种情况下，供应商很有可能进一步降低其实际提供的绩效。这两种情况使得买方难以得到较好的供应商绩效，会影响其产品的发布或项目的进行，使得其业务处在风险中。

（6）棘手型：双方处在供应商主导的影响力关系中，并且供应商的绩效较差。这情况下，买方没有通过议价使供应商提高其绩效的能力，同时从该供应商处获得至少是可接受的绩效的可能性也很低。而且，供应商还有可能在合作过程中要求更多对其有利的条件。

理想型、满意型和容忍型都属于积极的情景，能够定位到这三种情景的供应商都属于合适的供应商，并且合作关系相对较容易建立和维护。不合适型、风险型和棘手型都属于消极的情景，定位到这三种情景的供应商属于不合适的供应商，因为这类供应商要么提供的绩效很差，要么会更多的议价，会使买方处在高风险中。

平衡的影响力关系是稳定的，因为供应商和买方对对方都不存在优势。在买方主导的影响力关系中，可能会发生图 6-14（a）中的垂直转化。供应商应买方的要求提高了其绩效，则会发生从不合适型到满意型的转变，或是从满意型到理想型的转换。相反方向的转换则不太可能，因为一旦买方注意到供应商业绩的下降趋势，会使用其影响力来阻止这种转换的发生。

然而，买方有时会对供应商进行开发，这意味着买方对供应商投资，比如在财务支持、技术支持或信息方面的支持，进而来提高供应商的能力，使得供应商能够提供更好的绩效。这种开发会增加买方今后替换该供应商的成本，导致供应

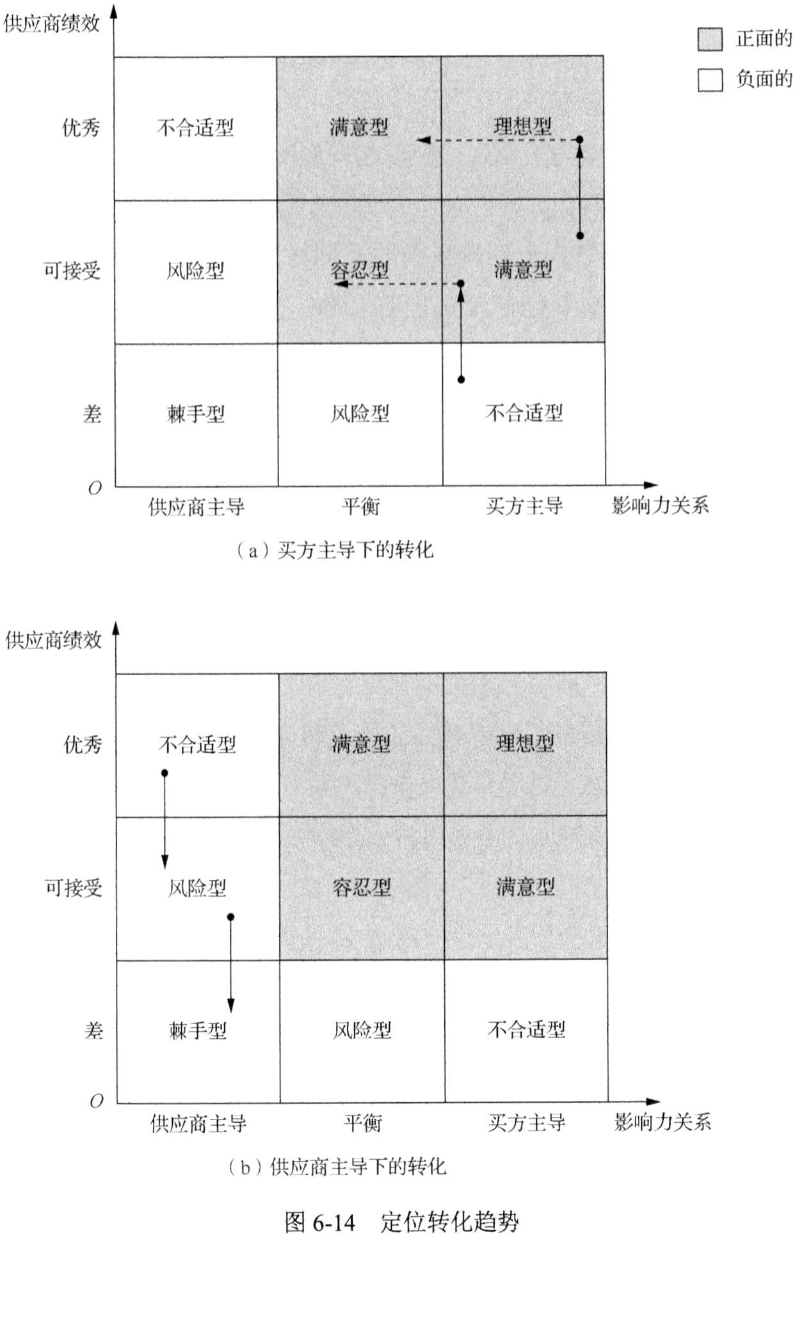
正面的
负面的
供应商绩效
优秀
可接受
差
O
不合适型
满意型
理想型
风险型
容忍型
满意型
棘手型
风险型
不合适型
供应商主导
平衡
买方主导
影响力关系
（a）买方主导下的转化
供应商绩效
优秀
可接受
差
O
不合适型
满意型
理想型
风险型
容忍型
满意型
棘手型
风险型
不合适型
供应商主导
平衡
买方主导
影响力关系
（b）供应商主导下的转化

图 6-14　定位转化趋势

商影响力的增加。这种情况下，会发生图 6-14（a）中所示的水平定位转化，即随着影响力关系从买方主导变为平衡状态，供应商的定位会从满意型转换到容忍型，或是从理想型转换到满意型。

在供应商主导的影响力关系中，则可能发生图 6-14（b）中的垂直转换。当供应商使用其影响力来降低其绩效时，会从不合适型转换到风险型，或是从风险型转换到棘手型。相反方向上的转换则不太可能，因为买方无法向供应商施加压力，除非供应商自己想要提高其所提供的绩效。比如供应商提供了更好质量的产品，然而这种改进是因为其为了提高生产率、增加市场竞争力，而对生产线进行了改进。

6.4.2 逆向分析

基于绩效和影响力的综合分析将供应商分成了六组，显示了这些供应商对买方的合适程度。当两个及以上的供应商落在同一组时，买方应该进行逆向分析来进一步分析这些供应商，即回看相关供应商的绩效描述模型和影响力情景。

图 6-15 展示了一个例子，供应商 A 和供应商 B 都位于理想型情景。这就产生了一个问题：哪一个更好、更容易建立合作关系？图 6-15（a）SWOT 矩阵明确地列出了两个供应商的优缺点。所采用的五个绩效标准（C_1～C_5），依据它们的权重排列依次为 $C_2 > C_3 > C_1 > C_4 > C_5$。供应商 A 大多数的权重绩点（4 个）都集中在优势象限，1 个位于机会象限。供应商 B 的权重绩点分布较为分散，2 个位于优势象限且值很高，1 个位于机会象限，2 个位于威胁象限。因此，尽管两个供应商在定性分析时都属于同一类供应商，但是通过对绩效描述模型采用逆向分析可知，供应商 A 的绩效相对于供应商 B 要更稳定一些。图 6-15（c）进一步展示了买方与两个供应商在影响力状况分析时的依赖矩阵。两个供应商都对买方有着较高的依赖，然而买方对供应商 A 的依赖相比对供应商 B 的依赖要高。这意味着买方与供应商 A 的合作关系更容易建立，因为彼此存在较高需求。

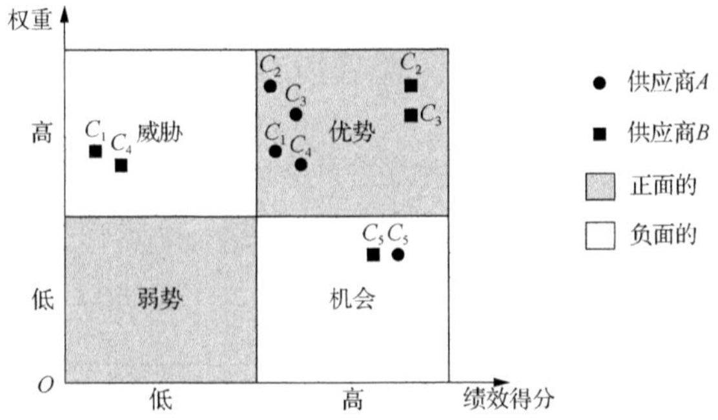

（a）

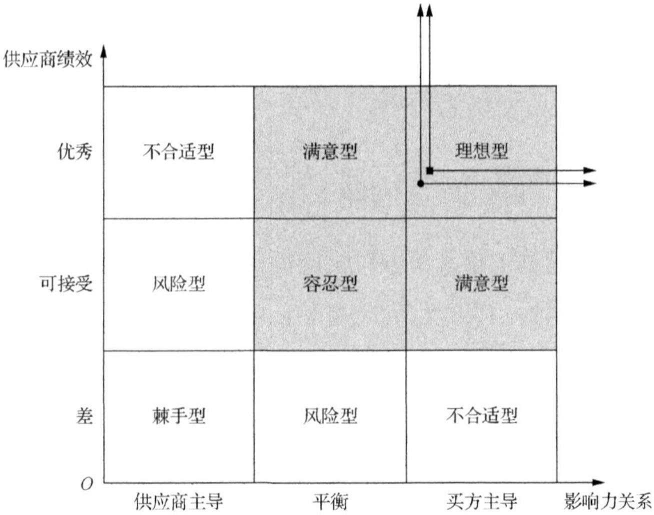

（b）

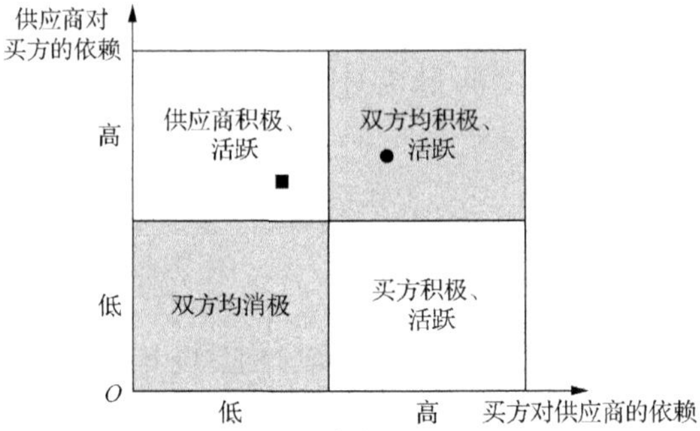

（c）

图 6-15　逆向分析过程

6.4.3 基于影响力的绩效调整模型

如 6.1.3 节所讨论的，影响力关系会影响供应商绩效。本节讨论两种影响方式，提出了如图 6-16 所示的基于影响力的绩效调整模型。

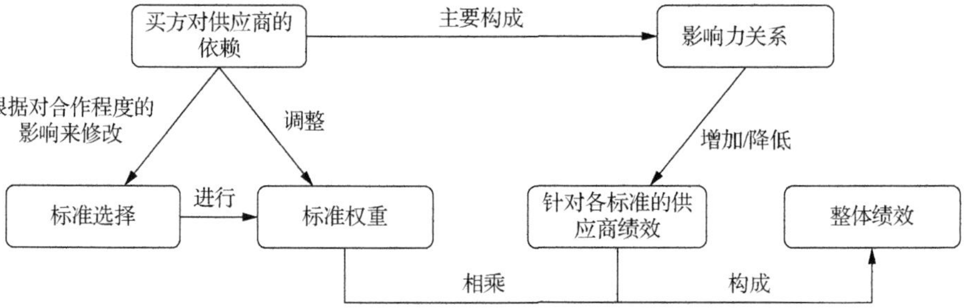

图 6-16 基于影响力的绩效调整模型

一种影响方式是通过依赖。买方对供应商的依赖对所选择的绩效标准或是标准的权重有所影响。例如，买方将供应商 *A* 归类为操作层次的合作者，因为供应商 *A* 涉及其短期目标，包括依据客户需求进行产品调度以及快速回应客户需求。然而，影响力情景分析显示买方高度依赖与该供应商的可靠交付以及定制产品的技术，以满足其客户多样化的需求。同时，只存在少数可供选择的供应商。在这种情况下，买方应该寻求与供应商 *A* 更深层次的合作，甚至将 *A* 视为策略型合作伙伴。当供应商的分类从操作层次的合作者变为策略型合作伙伴时，在对该供应商进行绩效评估时所采用的绩效标准也会随之发生变化，进而在对供应商进行评估时结果也会不同。

如果影响力决定因子与某些绩效标准关联，则在不同的影响力决定因子上的依赖度会影响分配给这些绩效标准的权重。在上述例子中，假设在对供应商 *A* 评估时，买方认为产品交付比技术更重要，因为市场竞争激烈，提前交货能够使买方较早进入市场。然而，影响力关系分析表明，相比可靠的交付，买方更多地依赖于该供应商的技术，因为需要定制产品。在这种情况下，交付能力的优先级应该降低，至少应将交付能力与技术的优先级设为同等。产品交付和技术之间的优先级调整的影响将会扩张到所有的标准。例如，在调整之前，假设产品交付能力、技术和成本的重要性为“产品交付能力> 成本> 技术”，调整后则会变为“产品交付能力 ＝ 技术 ＞ 成本”。这样调整前后所计算出来的标准权重则完全不同。

另一种影响方式是通过影响力关系直接作用于特定标准下的绩效。买方主导时很有可能会使用其影响力而从供应商处获得更好的绩效。例如，在评估供应商绩效时，供应商 *A* 提出的交货期为 2 周，产品单价为 145 元。由于买方的购买量占供应商 *A* 总销售的 80%，并且对买方而言可选择的供应商数量很多，所以买方对该供应商具有影响力优势。在评估了供应商 *A* 的绩效后，买方要求该供应商将交货期缩短为 10 天，产品单价降为 135 元。供应商 *A* 在其能力许可范围内很大程度上会满足买方的要求。但假设双方是处在供应商主导的影响力关系中，供应商 *A* 则不会答应买方。同时如果该供应商接到了另外一个重要客户的紧急订单，那么其可能会对买方要求延期交付。

因为依赖而产生的影响力很快就会得到体现，因为在评估供应商时，是由买方来进行标准选择和权重分配。一旦买方意识到影响力情景分析对其初期评估的影响，其可以立刻调整所选的标准或是权重。然而，直接作用于特定标准下的绩效却需要时间，因为影响力关系同时涉及买方和供应商对该关系的认识。如果双方对影响关系的认识不统一，买方需要推动供应商的认识朝着对己方有利的方向发展。并且，不是绩效所有的方面都能被影响力影响。当供应商的绩效即代表了其能力时，买方即使具有影响力优势也无法获得更好的绩效结果，因为没有议价空间。以绩效标准“财务稳定性”为例，该标准下的绩效反映了供应商的财务能力，如果其财务状况不稳定，即使买方再施加压力也无法要求得更多。然而，具有影响力优势的买方可以要求仔细查看供应商企业的账户，以便帮助他们改善状况。

6.5 本章小结

绩效是判断供应商是否合格的基础，而影响力关系则表明供应商或买方在合作中是否具有优势。这两个方面结合起来帮助确定供应商的合作适应性。本章提出的相对定位方法论提供了分析供应商绩效、影响力关系以及两者整合的步骤，具体包括以下三个部分。

（1）供应商绩效分析：约束标准是供应商评估程序的基础，而量化方法是获得绩效结果的关键手段。本书所提出方法中的绩效分析部分讨论了不同评估场景如何影响量化方法的选择，以及所提出的标准分类法如何帮助确定约束标准。

（2）影响力关系分析：现有的研究中虽然提到了影响力的决定因子，但依然缺少如何依据这些因子来计算双方影响力的相关研究。同时案例分析表明，尽管这些公司对影响力有一个概念，但他们并不清楚到底是什么赋予了他们影响力。本书所提出的方法中的影响力关系分析部分通过提出识别决定因子的模型来解释双方关系的量化过程。

（3）综合分析：根据绩效评估和影响力关系评估的结果，本部分通过对供应商分类描述了哪些供应商适合合作以及哪些供应商不适合合作。同时交互模型表明了影响力与绩效的关联及绩效是如何基于影响力进行调整的。

虽然所提出的方法解释了分析过程，但是问题依然存在：如何依据约束标准同时采用哪些技术来评估绩效？在确定了影响力决定因子后，如何用这些决定因子来量化供应商和买方影响力，并确定影响力情况？下一章通过讨论量化方法来解决以上问题。

第 7 章　影响力、绩效量化与系统构建

基于绩效和影响力关系的定位方法可以通过六种不同的场景分析供应商的合作适应度。不同场景的划分依据绩效得分分类（优秀、可接受和差）和影响力关系的情景（买方主导、平衡和供应商主导），因此需要进一步对供应商绩效和影响力关系进行量化。本章主要讨论如何构建相关的量化模型以及基于模型的系统构建方法。

7.1　量化方法构建基础

选择构建主要量化方法的技术考虑以下三个方面。第一，绩效标准和影响力决定因子既有定量的也有定性的，因此所构建的方法需要能够处理这两类标准/决定因子。第二，第 5 章中描述的不同评估场景和影响力关系的特征要求能够灵活处理客观数据、主观判断或客观数据和主观判断的混合。第三，从第 4 章的研究结论来看，一种简单而实用的方法是首选。

基于这些考虑，建模方法选用了三种技术：①广泛应用于元素的优先级排序的 AHP；②一种将备选方案与最佳和最差情况进行比较的 TOPSIS；③用于捕捉模糊表达式的 TFN。表 7-1 列出了这三种技术的数据要求，以及在本书所提出的供应商评估方法中的应用。实际数据是指客观的数字数据，代表供应商在每个标准方面的表现。

表 7-1　量化方法中的核心技术总结

方法	所能接受的标准		用于计算的数据		在量化方法中的作用
	定量的	定性的	定量的	定性的	
AHP	√	√	—	√	计算标准/影响因子权重
TOPSIS	√	有条件的	√	√	比较供应商
TFN	√	√	—	√	处理主观判断带来的不确定性

7.1.1　计算权重——AHP

Saaty（1980）提出的 AHP 由于其易用性和良好的数学性质，在供应商选择中得到了广泛的应用（Lima et al., 2017; Chan et al., 2010; Tahriri et al., 2008; Handfield et al., 2002）。其一个重要的特点是，它可以通过成对比较计算标准的权重，这将 AHP 与其他决策方法区分开来，因为大多数决策方法不能计算标准权重。AHP 通过将主观判断作为输入来处理定量标准和定性标准。本书将 AHP 应用于评价问题的构建，利用模糊尺度计算指标的权重。

AHP 的一种通用形式是考虑标准和备选方案之间依赖性的 ANP（Saaty, 2001）。ANP 将问题结构化成一个网络，其包括网络元素（标准和方案）、集群（相关网络元素的集合）和连接（不同集群或同一集群的两个元素之间的依赖关系，即外部或内部依赖）。例如，Razmi 等（2009）将模糊数与 ANP 相结合用于供应商选择和评估。六个标准与四个方案（供应商）形成了三个集群，其中六个标准之间存在十二个依赖。Amin-Tahmasbi 等（2018）建立了绿色供应商排序的模糊 ANP 模型和订单分配的线性规划模型，其假设只存在内部依赖，然后将问题以层次化的形式进行建模。在十五个子标准中存在十六个依赖，并且同一集群中的子标准彼此完全依赖。尽管 ANP 考虑了依赖性，但是本书没有采用该方法，原因如下。

（1）非常依赖决策者来定义集群和依赖关系。它要求决策者具备非常成熟的专业知识，以将相关标准分组并正确识别依赖关系。结果取决于他们的能力，这会带来更多的不确定性。不同的定义方法可能导致不同的结果。以上两个讨论的研究就展示了两种网络结构。Razmi 等（2009）通过外部依赖连接集群，而 Amin-Tahmasbi 等（2018）则通过增加了一个目标层来连接集群。

（2）增加了计算复杂度。对依赖性的考虑和使用超级矩阵增加了计算的复杂度，特别是当因素间的依赖数量增加时，计算复杂度会大幅上升。

7.1.2 比较可选方案——TOPSIS

AHP 无法在计算过程中使用客观数据，同时考虑到成对比较所带来的计算复杂度，本书采用 TOPSIS 来计算供应商绩效，而 AHP 用于计算标准的权重。TOPSIS 是由 Hwang 等（1981）提出的一种“折中”决策方法，“折中”是指通过相互让步而达成协议。折中方案则是最接近理想的方案，由 Zeleny 等（1973）和 Yu（1973）提出。

我们选择 TOPSIS 的原因如下：①决策者很容易理解其内在逻辑。TOPSIS 是基于这样一个概念：所选择的方案应与 PIS 保持最短距离，与 NIS 保持最远距离。②其结果可靠。除非更改了 PIS 和 NIS，否则在添加或删除备选方案时，其他的备选方案的排名保持不变。③能够计算不同尺度的数据，使客观数据的使用成为可能。例如，如果交付单位为天/周/月，成本单位为元，则可直接将两个标准的备选方案值输入评估过程，而不是作为一个备选方案对另一个备选方案进行相对重要性判断的基础。

TOPSIS 只有将定性标准下的主观判断转化为数值时才能处理定性标准。在此前提下，TOPSIS 可以在计算过程中同时使用客观数据和主观数据。然而，如表 2-4 所示，基于模糊数和 TOPSIS 的现有工具忽略了这一特性，并根据所有标准对绩效进行主观判断，从而导致放弃使用客观数据。在方法中引入模糊数是为了解决不确定性问题，但模糊数的过度使用实际上阻碍了这一目标的实现。本书将可使用客观数据的定量标准与可使用判断的定性标准分开。

2. 聚合多决策者的主观判断

使用主观价值观的一个挑战是不同决策者的判断可能不同。因此，本书采用几何平均值来综合多个判断，即将多个三角模糊数聚合为一个三角模糊数，确定模糊 AHP 中标准的权重。Dong 等（2010）和 Aczel 等（1983）证明了这种方法的有效性。式（7-1）综合了由 n 个三角模糊数表示的主观判断:

$$\tilde{A}=(l,m,n)=((\prod_{i=1}^{n}l_i)^{\frac{1}{n}},(\prod_{i=1}^{n}m_i)^{\frac{1}{n}},(\prod_{i=1}^{n}h_i)^{\frac{1}{n}}) \tag{7-1}$$

3. 三角模糊数的去模糊化

三角模糊数能更好地描述语言性表达，但单一值更有助于直观地理解结果。本文采用 Yager（1981）方法来对表示结果的三角模糊数去模糊化。利用模糊集合 $\tilde{A}$ 的最大隶属度 $\alpha_{\max}$ 及其 α-cut 集 A_α，用函数 $F(\tilde{A})$ 计算与 $\tilde{A}$ 相关的单一值。其中 $\mathrm{Ave}(A_\alpha)$ 是集合 A_α 所有元素的平均值计算函数。

$$F(\tilde{A})=\int_0^{\alpha_{\max}}\mathrm{Ave}(A_\alpha)\mathrm{d}\alpha \tag{7-2}$$

对于三角模糊数和其 α-cut 集 $A_\alpha=[l+(m-l)\alpha,h-(h-m)\alpha]$, $F(\tilde{A})$ 可以进一步进行如下计算:

$$\begin{aligned}F(\tilde{A})&=\int_0^{\alpha_{\max}}\mathrm{Ave}(A_\alpha)\mathrm{d}\alpha=\int_0^1((l+(m-l)\alpha+h-(h-m)\alpha)/2)\mathrm{d}\alpha\\&=(l+h)/2+\int_0^1((2m-l-h)\alpha/2)\mathrm{d}\alpha\\&=(l+2m+h)/4\end{aligned} \tag{7-3}$$

Facchinetti 等（1998）证明了这种去模糊方法同时考虑了模糊数会产生的最坏结果和最佳结果。

4. 模糊一致性检验

虽然模糊三角函数对不一致的判断给出了一定的容忍度，但仍然需要对判断矩阵进行一致性检验，因为较大的不一致可能表明对问题缺乏理解。根据 Buckley（1985）的研究，模糊对比矩阵 $F=[\tilde{A}_{ij}]_{n\times n}$ 仅当如下条件满足时才是一致的：

$$\tilde{A}_{ik}\otimes\tilde{A}_{kj}\approx\tilde{A}_{ij} \tag{7-4}$$

两个模糊数 $\tilde{A}_1$ 和 $\tilde{A}_2$ 之间的近似相等“≈”定义如下：

$$\min(v(\tilde{A}_1\geqslant\tilde{A}_2),v(\tilde{A}_2\geqslant\tilde{A}_1))\geqslant\theta \tag{7-5}$$

式中，θ 是一个小于或等于 1 的特定正分数；$v(\tilde{A}_1\geqslant\tilde{A}_2)=\sup\limits_{x\geqslant y}(\min(\mu_{A_1}(x),\mu_{A_2}(y)))$，$\mu_{A_1}(x)$ 和 $\mu_{A_2}(x)$ 分别是 $\tilde{A}_1$ 和 $\tilde{A}_2$ 的隶属度函数。从字面上来说，如果 $\tilde{A}_1$ 不大于 $\tilde{A}_2$ 或 $\tilde{A}_2$ 不大于 $\tilde{A}_1$，则两者近似相等。

Mahmoudzadeh 等（2013）证明，当一个模糊集的$\alpha=1$ 的 cut 集得到的单一值比较矩阵是一致的，那么其对应的原始模糊比较矩阵也是一致的。对于一个三角模糊数 $\tilde{A}=(l,m,n)$来说，其$\alpha=1$ 的α-cut 集降到一个单一数，即 $A_\alpha=m$。因此模糊矩阵 $F=[\tilde{A}_{ij}]_{n\times n}$ 的一致性检验可以通过采用 Saaty（2008）的一致性比率来检验单一值矩阵 $F_{\alpha=1}=[m_{ij}]_{n\times n}$ 的一致性来进行。如果矩阵的一致性比率小于 0.1，则该矩阵中的判断是一致的。一致性比率 CR 计算如下：

$$\text{CR=CI/RI} \tag{7-6}$$

式中，CI 是一致性索引，$\text{CI}=(\lambda_{\max}-n)/(n-1)$；$\lambda_{\max}$是比较矩阵的最大特征值；RI 是随机指数，其值取决于矩阵，具体对应值参见 Saaty（2008）。

7.2　多约束标准的绩效评估数学模型

前面的小节讨论了如何将三角模糊数合并到 AHP 和 TOPSIS 中，以及聚合、去模糊化和一致性的相关问题。根据讨论结果，本节描述了基于模糊 AHP- TOPSIS 的绩效评估的模型，如图 7-2 所示。该模型包括三部分，第一部分为约束标准的权重计算，第二部分为预筛选计算，第三部分为供应商绩效对比计算。

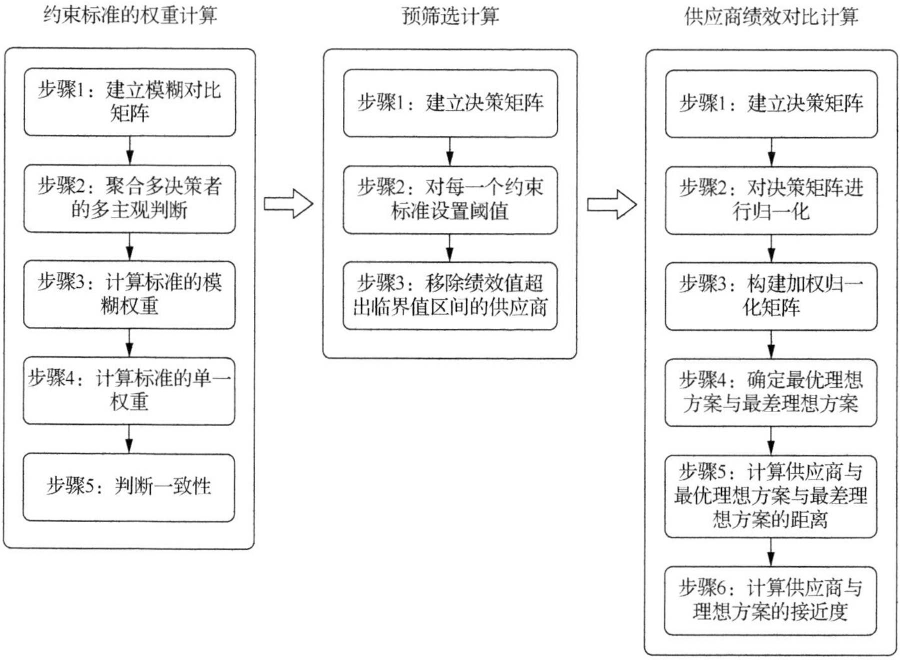

图 7-2　基于模糊 AHP-TOPSIS 方法的绩效评估模型

7.2.1　约束标准的权重计算

通过将三角模糊数和 AHP 结合（即模糊 AHP）来计算多个约束标准的权重，具体步骤如下。

步骤 1：建立 $n\times n$ 模糊对比矩阵 $F=[\tilde{c}_{ij}]$。其中 n 为约束标准的个数；$\tilde{c}_{ij}=(l_{ij},m_{ij},h_{ij})$ 是一个用来描述标准 i 对标准 j 相对重要性的三角模糊数。其对应的判断尺度如表 7-2 所示。

步骤 2：聚合多决策者的多主观判断。如果是群组决策，每个决策者都会针对标准间的比较给出判断。$\tilde{c}_{ij}^t=(l_{ij}^t,m_{ij}^t,h_{ij}^t)$ 是一个三角模糊数。该模糊数描述了针对标准 j，决策者 t 对标准 i 的相对重要性判断。式（7-7）用来聚合所有决策者的判断（参见式（6-11））。标准 i 对标准 j 相对重要性的聚合结果如下，其中 q 为决策者的数量。

$$\tilde{c}_{ij}=(l_{ij},m_{ij},h_{ij})=((\prod_{t=1}^{q}l_{ij}^{t})^{\frac{1}{q}},(\prod_{t=1}^{q}m_{ij}^{t})^{\frac{1}{q}},(\prod_{t=1}^{q}h_{ij}^{t})^{\frac{1}{q}}) \tag{7-7}$$

步骤 3：计算标准的模糊权重。依据步骤 2 中的聚合后的判断矩阵，采用式（7-8）来计算。标准 i 的模糊权重 $\tilde{w}_i$ 计算结果为

$$\tilde{w}_i=(l_i,m_i,h_i)=((\prod_{j=1}^{n}l_{ij})^{\frac{1}{n}},(\prod_{j=1}^{n}m_{ij})^{\frac{1}{n}},(\prod_{j=1}^{n}h_{ij})^{\frac{1}{n}}) \tag{7-8}$$

步骤 4：计算标准的单一权重。采用式（7-9）将模糊权重去模糊化，得到标准 i 的单一权重 w_i。

$$F(\tilde{w}_i)=\frac{l_i+2m_i+h_i}{4}$$
$$w_i=\frac{F(\tilde{w}_i)}{\sum_{j=1}^{n}F(\tilde{w}_j)} \tag{7-9}$$

步骤 5：判断一致性。采用式（7-10）对比较矩阵中的判断进行一致性检验。如果标准 i 的权重对标准 j 的权重的比率（即 w_i/w_j）超出边界[l_{ij}, h_{ij}]，则决策者必须调整他们对标准 i 和 j 的判断。因为这表明决策者对相对重要性的判断存在不一致。

$$l_{ij}\leqslant w_i/w_j\leqslant h_{ij} \tag{7-10}$$

如果存在约束标准包含子约束标准，则重复上述步骤。针对该约束标准（即父标准），建立其子约束标准的成对对比模糊矩阵，然后计算这些子标准的局部模糊权重（即矩阵计算出的权重）。一个子约束标准的局部模糊权重乘以其父标准的权重即为盖子约束标准的全局权重。为了便于描述模型，用 $\tilde{w}_i$ 表示模糊全局权重，w_i 表示单一全局权重。为了便于描述，后文将标准和子标准统一用术语“标准”来表示。

7.2.2 预筛选计算

如第 2 章中所介绍的，de Boer 等（2001）指出供应商集合的大小根据采购项

目的不同而有所不同。在购买战略或瓶颈性产品或设置新任务时，可供选择的供应商集合较小；采购常规项目时可选供应商的集合较大。为了减少计算工作量，预先选择将有助于缩小供应商集合。本书采用阈值技术将表现不佳的供应商从集合中移除。

步骤 1：建立 $m \times n$ 决策矩阵 $T=[x_{ij}]$。其中 m 为可供选择的供应商个数，n 为约束标准个数。对于定量型的约束标准，x_{ij} 代表供应商 i 针对标准 j 下绩效的实际数据。对于定性型的约束标准，x_{ij} 代表决策者对供应商 i 针对标准 j 下的绩效的主观判断。如果是群决策，则先将多个决策者的模糊判断进行聚合，然后进行去模糊化形成单一值。其对应的判断尺度如表 7-2 所示。

步骤 2：对每一个约束标准设置阈值[Min_j, Max_j]，Min_j 是能够接受的绩效的最小值，Max_j 则为最大值。Min_j 和 Max_j 可以是数值或主观判断，如果没有上下临界值，它们也可以是空的。例如，如果买方认为提供超过 15 天交付期的供应商不合格，则交付期的阈值设置为[0, 15]。

步骤 3：移除绩效值超出临界值区间的供应商。对于定性型的标准，首先将阈值的判断表达式转换为相应的三角模糊数。定性型标准 j 的阈值为 $[(l_{\min}^j, m_{\min}^j, h_{\min}^j),(l_{\max}^j, m_{\max}^j, h_{\max}^j)]$。然后将供应商 i 针对标准 j 下的绩效 x_{ij}，与阈值进行比较。如果满足以下任一条件，则供应商 i 会从集合中移除：

（1） $x_{ij} < l_{\min}^j$；

（2） $x_{ij} > h_{\max}^j$；

（3） $x_{ij} \in (l_{\min}^j, m_{\min}^j, h_{\min}^j)$ or $(l_{\max}^j, m_{\max}^j, h_{\max}^j)$ 且隶属度 $\mu(x_{ij}) \geqslant 0.5$。

7.2.3 供应商绩效对比计算

在进行预筛选后，采用模糊 TOPSIS 对余下供应商进一步进行绩效比较与排序，进而能够选出绩效较优的供应商。

步骤 1：建立 $m \times n$ 决策矩阵 $T=[x_{ij}]$。其中，m 为经过筛选后的供应商个数；

n 为约束标准个数。对于定量型的约束标准，x_{ij} 代表供应商 i 针对标准 j 下的绩效的实际数据。对于定性型的约束标准，x_{ij} 代表决策者对供应商 i 针对标准 j 下的绩效的主观判断。如果是群决策，则先将多个决策者的模糊判断进行聚合，然后进行去模糊化形成单一值。其对应的判断尺度如表 7-2 所示。

步骤 2：对决策矩阵进行归一化。采用式（7-11）的线性归一法进行归一，其中 $x_j^* = \max_i x_{ij}$，$x_j^- = \min_i x_{ij}$；也可以将 x_j^* 设置为所期望的最佳值，x_j^- 设置为最差值。r_{ij} 是决策矩阵 T 中 x_{ij} 归一化后的值。

$$r_{ij} = (x_{ij} - x_j^-) / (x_j^* - x_j^-) \tag{7-11}$$

步骤 3：构建加权归一化矩阵 $V = [v_{ij}]$。将步骤 2 中的归一化矩阵与 6.3.1 节计算出的约束标准的权重向量 $w = (w_1, w_2, \cdots, w_j, \cdots, w_n)^{\mathrm{T}}$ 相乘得出加权归一化矩阵，即 $v_{ij} = r_{ij} \times w_j$。

步骤 4：确定最优理想方案与最差理想方案。分别采用式（7-12）与式（7-13）确定最优理想方案 A^*与最差理想方案 A^-。其中 J_1 代表收益类标准（即值越大越好），J_2 为成本类标准（即值越小越好）。

$$\text{PIS} = A^* = \{v_j^* \mid \max_i v_{ij} \text{ if } j \text{ in } J_1, \min_i v_{ij} \text{ if } j \text{ in } J_2, i = 1, 2, \cdots, m\} \tag{7-12}$$

$$\text{NIS} = A^- = \{v_j^- \mid \min_i v_{ij} \text{ if } j \text{ in } J_1, \max_i v_{ij} \text{ if } j \text{ in } J_2, i = 1, 2, \cdots, m\} \tag{7-13}$$

步骤 5：计算供应商与最优理想方案与最差理想方案的距离。采用式（7-14）来计算，其中 D^*表示供应商与最优理想方案的距离，D^- 表示与最差理想方案的距离。

$$\begin{aligned} D_i^* &= \sqrt{\sum_{j=1}^{n} (v_{ij} - v_j^*)^2} \\ D_i^- &= \sqrt{\sum_{j=1}^{n} (v_{ij} - v_j^-)^2} \end{aligned} \tag{7-14}$$

步骤 6：计算供应商与理想方案的接近度。采用式（7-15）来进行计算，C_i^* 表

示供应商 i 与两理想方案的接近度。依据 C_i^*的大小来对供应商进行排序，具有最大值的供应商为最优。

$$C_t^* = \frac{D_t^-}{D_i^* + D_t^-} \tag{7-15}$$

7.3　多维度的影响力量化数学模型

绩效评估是单方向评估，即买方同时对一组供应商的比较。而影响力的量化则是双向评估，即同时估量买方的影响力与供应商的影响力，进行对比后得出影响力关系，该评估过程需要与所有供应商逐一进行比较。图 7-3 展示了量化过程。

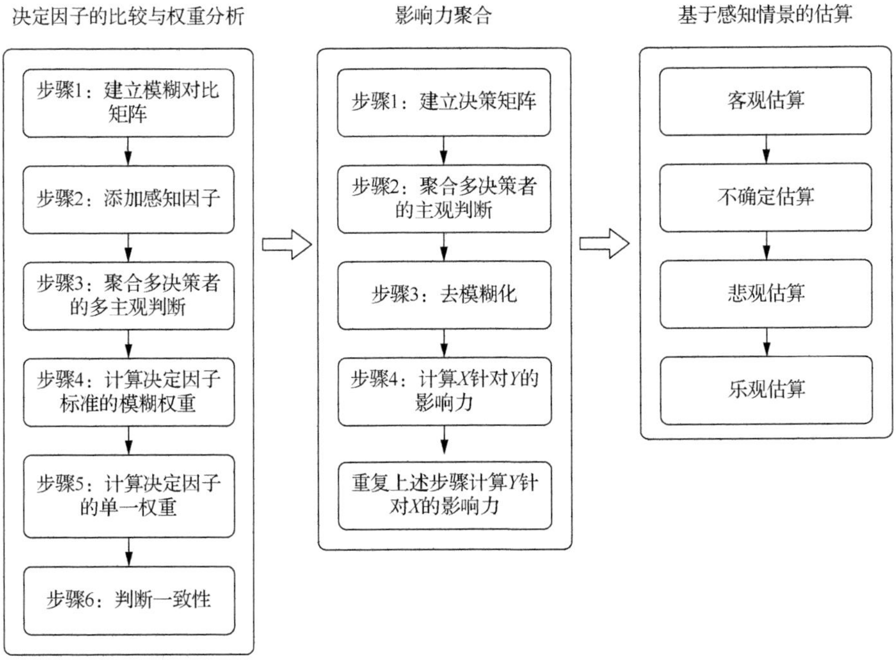

图 7-3　影响力量化模型

7.3.1 决定因子的比较与权重分析

影响力决定因子的权重计算与绩效的约束标准的权重计算采用相同的方法，但是对成对比较的过程进行了改动。改动 1 为判断的尺度标准。以下问题用于决定因子的成对比较：

（1）当考虑买方影响力时，哪一个决定因子对你公司的议价能力有更大的贡献？贡献多少？

（2）当考虑供应商影响力时，哪一个决定因子对你供应商的议价能力有更大的贡献？贡献多少？

通过回答这些问题，决策者能够给出两者的比较，如“决定因子 A 比决定因子 B 的贡献要稍大”。预期答案用于判断一个决定因子对影响力的贡献程度，它们将通过表 7-3 中的尺度进一步转换为数值。

表 7-3 决定因子比较尺度

中文表达	英文表达	三角模糊数	中文表达	英文表达	三角模糊数
同等重要	equally important (E)	(1,1,1)	稍重要	weakly more (W)	(1,2,3)
中度重要	moderately more important (M)	(2,3,4)	稍强重要	moderate plus more (M+)	(3,4,5)
强重要	strongly more important (S)	(4,5,6)	稍非常重要	strongly plus more (S+)	(5,6,7)
非常重要	very strongly more important (VS)	(6,7,8)	稍极重要	very very strongly more (VVS)	(7,8,9)
极重要	extremely more important (ES)	(8,9,9)			

改动 2 是增加了 6.3.2 节中讨论的供应商对影响力关系的感知。理论情况是，供应商与买方公司具有相同的观点，并且使用相同的影响力决定因子。然而在实际情况下，供应商可能不知道某些决定因子。例如，供应商可能不知道买方可以提供新的商业机会，除非买方告诉他们。该感知是根据买方公司对供应商的了解来对这些决定因子添加一个值区间在[0,1]的“感知概率”，即供应商能够感知决定因子 i 的可能性。该感知概率表示为 p_i，添加在成对比较矩阵的对角线，如图 7-4 所示。

反映依赖的决定因子区域

买方影响力（供应商的依赖）		A	B	C	D	E	F	G
A	可供选择的买家数量	1				E	S	S
B	采购量占供应商总销售额的比例	M+	1	W	M	M+	VS	VS
C	买方为供应商带来的预期利润	M		0.4	W	M	S+	S+
D	买方为供应商带来的商业机遇	W			0.4	M	S	S
E	对买方技术、知识的依赖					1	S	S
F	买方反向整合的威胁						0.8	E
G	客户对买方的认可							0.6

感知因子

图 7-4　比较分析矩阵

7.3.2　影响力聚合

为了便于解释模型，本书用 X 表示供应商或买方，Y 表示另一方，双方的影响力聚合方式相同，具体步骤如下。

步骤 1：建立 $m \times n$ 决策矩阵 $T=[\tilde{x}_{ij},\tilde{x}_{ik} \mid i=1,2,\cdots,m; j=1,2,\cdots,t; k=t+1,2,\cdots,n]$。其中 m 为决策者的个数；n 为决定 X 影响力的决定因子个数；t 为这些决定因子中能够反映依赖的因子个数。三角模糊数 $\tilde{x}_{ij}=(l_{ij},m_{ij},h_{ij})$ 或 $\tilde{x}_{ik}=(l_{ik},m_{ik},h_{ik})$ 为决策者 i 对决定因子 j 或决定因子 k 的主观判断，判断尺度参见表 7-3。收益类决定因子越大影响力越大，如果该因子是能够反映依赖的因子，则同时也意味着 Y 对 X 的依赖越大；成本类决定因子越大影响力越小，如果该因子是能够反映依赖的因子，则同时也意味着 Y 对 X 的依赖越小。

步骤 2：聚合多决策者的主观判断。采用式（7-16）进行聚合，$\tilde{r}_j$ 为决定因子 j 聚合后的结果。

$$\tilde{r}_j=(l_j,m_j,h_j)=((\prod_{i=1}^{m} l_{ij})^{\frac{1}{m}},(\prod_{i=1}^{m} m_{ij})^{\frac{1}{m}},(\prod_{i=1}^{m} h_{ij})^{\frac{1}{m}}) \tag{7-16}$$

步骤 3：去模糊化。采用式（7-17）将聚合后的结果去模糊化，得到决定因子 j 产生影响力的单一值。

$$r_j = \frac{l_j + 2m_j + h_j}{4} \tag{7-17}$$

步骤 4：计算 X 针对 Y 的影响力。采用式（7-18）进行计算，$D(Y/X)$ 为来自 Y 对 X 的依赖产生的影响力（即来自能够反映依赖的决定因子），$U(X)$ 为针对 Y 的非依赖性的影响力（即来自非依赖性的决定因子），p_j 和 p_k 分别为对决定因子 j 和 k 的感知概率，w_j 和 w_k 分别为对决定因子 j 和 k 的权重。

$$P(X/Y) = D(Y/X) + U(X/Y) = \sum_{j=1}^{t} p_j \times w_j \times r_j + \sum_{k=t+1}^{n} p_k \times w_k \times r_k \tag{7-18}$$

Y 针对 X 的影响力计算步骤同上。X 与 Y 影响力优势关系（表示为 $\mathrm{PA}(X/Y)$）的计算通过比较两者的影响力（即 $P(X/Y)$ 和 $P(Y/X)$）而得出，如式（7-19）所示。

$$\mathrm{PA}(X/Y) = P(X/Y) - P(Y/X) \tag{7-19}$$

之所以从影响力量化分析的开始就区分依赖性影响力与非依赖性影响力，是因为依赖性本身表明双方对合作的需要。如在 5.4 节中所讨论的，通过了解 X 对 Y 和 Y 对 X 的依赖程度，买方可以做出不同的决定。

7.3.3 基于感知情景的估算

对于影响力优势关系的分析，买方和供应商对影响力优势关系的认知对合作都至关重要。买方对自己和供应商的影响力决定因子以及重要性都比较客观全面，然而在第 5 章分析影响力情景时，从供应商角度分析影响力优势力关系存在三种可能的感知，即客观、乐观和悲观的感知。因此采用感知概率来对供应商对影响力优势关系的认知进行了四种类型的估算。

1. 客观估算

客观估算为供应商 X 与买方 Y 具有相同的认知，即供应商与买方一样都对己方的影响力有充分的了解。在这种情况下，采用式（7-20）对两者的影响力进行计算，而不再采用式（7-19）。

$$P_{\text{full}}(X/Y)=D_{\text{full}}(Y/X)+U_{\text{full}}(X/Y)=\sum_{j=1}^{t}w_j\times r_j+\sum_{k=t+1}^{n}w_k\times r_k \qquad (7\text{-}20)$$

式中，$P_{\text{full}}(X/Y)$ 表示 X 针对 Y 的影响力的完全估算；$D_{\text{full}}(Y/X)$ 表示来自 Y 对 X 的完全依赖的影响力；$U_{\text{full}}(X)$ 表示与依赖无关的 X 的影响力。X 与 Y 影响力优势关系的客观估算（表示为 $\text{PA}_{\text{full}}(X/Y)$ ）计算如下：

$$\text{PA}_{\text{full}}(X/Y)=P_{\text{full}}(X/Y)-P_{\text{full}}(Y/X) \qquad (7\text{-}21)$$

在客观估算的情况下，买方无法通过获取信息来操纵供应商，因为供应商完全了解自己的优势和弱点以及买方的优势和弱点。

2. 不确定估算

不确定估计意味着供应商不完全了解自己或是对方的优势和弱点，即供应商低估了买方和自身的影响力。在这种情况下，考虑了双方（供应商和买方）所有决定因子的感知概率。计算公式与式（7-18）和式（7-19）相同，但用 $P_{\text{poss}}(X/Y)$ 和 $\text{PA}_{\text{poss}}(X/Y)$ 来代替 $P(X/Y)$ 和 $\text{PA}(X/Y)$ 以便与客观估算区分。

在不确定估算中，买方应该做的是提高供应商对买方影响力的感知，但是继续让其保持对己方影响力的低估，即促使供应商意识到买方的影响力，例如，买方可以提醒并强调其将带给供应商的新业务机会的重要性。

3. 悲观估算

悲观估算是供应商充分理解买方的影响力，但低估了自身的影响力。在这种情况下，感知概率仅添加到 Y 针对 X 的影响力计算上，X 与 Y 影响力优势关系的乐观估算为

$$\mathrm{PA}(X/Y)=P_{\mathrm{poss}}(X/Y)-P_{\mathrm{full}}(Y/X) \tag{7-22}$$

这对买方来说是一个有益的情况，因为供应商完全意识到了买方的影响力，但是对自己的优势和弱点的理解不完全，因此买方很容易与供应商进行沟通、议价和谈判。但是，买方应该分析供应商低估了自身影响力的程度。

4. 乐观估算

乐观估算是供应商充分理解自身的影响力，但低估了买方的影响力。在这种情况下，感知概率仅添加到 X 针对 Y 的影响力的计算上，X 与 Y 影响力优势关系的乐观估算为

$$\mathrm{PA}(X/Y)=P_{\mathrm{full}}(X/Y)-P_{\mathrm{poss}}(Y/X) \tag{7-23}$$

这对买方来说是一个困难的情况，因为供应商完全意识到自身的力量，但对买方的影响力理解不完全，因此，买方不容易与供应商进行沟通、议价和谈判。买方应该做的是让供应商知道其影响力比供应商所理解的更大。

7.4 决策系统框架

前文介绍了评估供应商选择中相对定位的方法，以及绩效和影响力关系的评估方法。然而，在评估过程中涉及众多复杂的计算，软件工具减少了计算工作量和手动计算出错的可能性，同时图形用户界面可以允许用户与使用工具进行交互，增加方法的易用性和可用性。本节介绍如何根据前文提出的方法实现 PEPA 工具的设计和开发。本书采用 Java 作为编程语言，其与平台无关，能够在 Windows、Mac OS 和 Linux 中运行。同时，作为一种广泛使用的面向对象语言，它也适合工具之后的拓展开发。

7.4.1 系统架构

本书采用模型（model）-视图（view）-控制器（controller）体系结构（即MVC 框架），其以逻辑、表示和用户界面分离的方式来组织代码，在改进和个性化定制界面及用户交互的同时，不需要重新编写业务逻辑（Bevis, 2012）。

（1）模型管理数据以及控制数据访问和更新的规则。它响应控制器的指令并将请求的数据推送到视图。

（2）视图展示信息与数据。其是用户看到并与之交互的界面，确定了模型的数据展示的方式与结果。如果模型改变，则视图也会更新其展示结果。

（3）控制器处理用户交互的部分。其接受用户的输入，向模型发送数据并调用模型和视图去完成用户的请求。

MVC 是一种体系结构模式，但基于该模式设计的软件系统因其自身的功能和特性而有所不同。PEPA 工具的系统架构如图 7-5 所示。控制器连接模型和视图，它从视图接收请求，调用模型中相应的模块，并返回数据以供视图显示。

模型负责计算相关的任务，它包含两层：功能处理层和数据处理层。功能处理层负责计算，包括四个模块。

（1）过滤模块（filter）：根据阈值去除不合格供应商（算法见 7.2.2 节）。

（2）权重计算模块（weights）：实现模糊 AHP 算法，在成对比较后得出绩效标准/影响力决定因子权重（算法见 7.2.1 节与 7.3.1 节）。

（3）单一计算模块（single calculation）：用于供应商/买方影响力的计算（见 7.3.2 节）。

（4）比较模块（comparison）：实现模糊 TOPSIS 算法，用于供应商的绩效比较（见 7.2.3 节）。

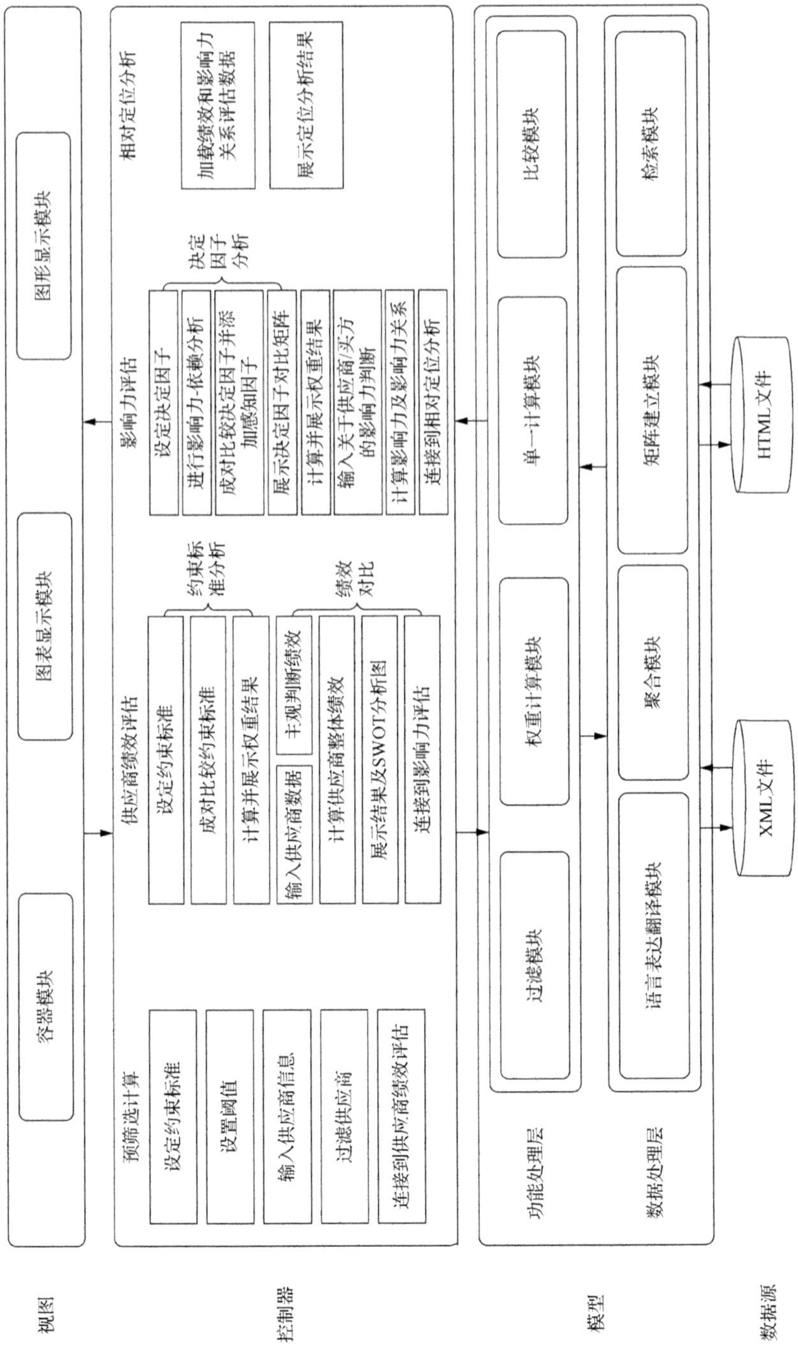

图 7-5　PEPA 工具的系统架构

模型中的数据处理层对数据进行解析，包括四个模块。

（1）语言表达翻译模块（expression translation）：将决策者的主观判断转换成对应的三角模糊数。该模块在成对比较、绩效对比和影响力计算时均需要调用，只是采用的判断尺度不同。

（2）聚合模块（aggregation）：聚合多个三角形模糊数。该模块在有多个决策者的情况下进行成对比较和绩效/影响力判断时均需要调用。

（3）矩阵建立模块（matrix establishment）：建立用于比较或计算的矩阵。

（4）检索模块（retrieve）：用于为 SWOT 分析、影响力情况分析和相对定位显示准备数据。

控制器连接模块模型和视图。一方面，它注册了所有的功能，这些功能将调用模型中相应的模块。另一方面，它通知视图中的相应模块需要显示哪些功能。

视图这一层包含三个模块，提供图形用户界面并显示结果。

（1）容器模块（container）：将基本面板创建为容器，用以显示用户界面。

（2）图表显示模块（chart display）：创建两种类型的图表——折线图和条形图。

（3）图形显示模块（graph display）：为 SWOT 分析方法（参见 6.2.3 节）、影响力情况（参见 6.3.3 节）和相对定位（参见 6.4.1 节）提供定制类型的图形表示。

图 7-5 的底层是数据源，其中 XML 文件用于存储输入，如约束标准、影响力决定因子、供应商信息和决策者信息，HTML 文件用于在整个工具执行过程中存储中间结果和最终结果。

7.4.2 系统逻辑

7.4.1 节展示了系统架构，其中每个模块负责不同的功能。图 7-6 展示了 PEPA 工具的系统逻辑，图中的每个步骤调用图 7-5 中相应的模块。

PEPA 工具根据用户对功能的初始选择开始，所提供的四个功能为：预先选择供应商、评估绩效、量化影响力关系和定位供应商。图 7-5 中的容器模块负责显示这些功能的图形用户界面，所选功能及其后续动作由控制器转换为模型，然后将模型返回的结果由控制器转换给视图显示。

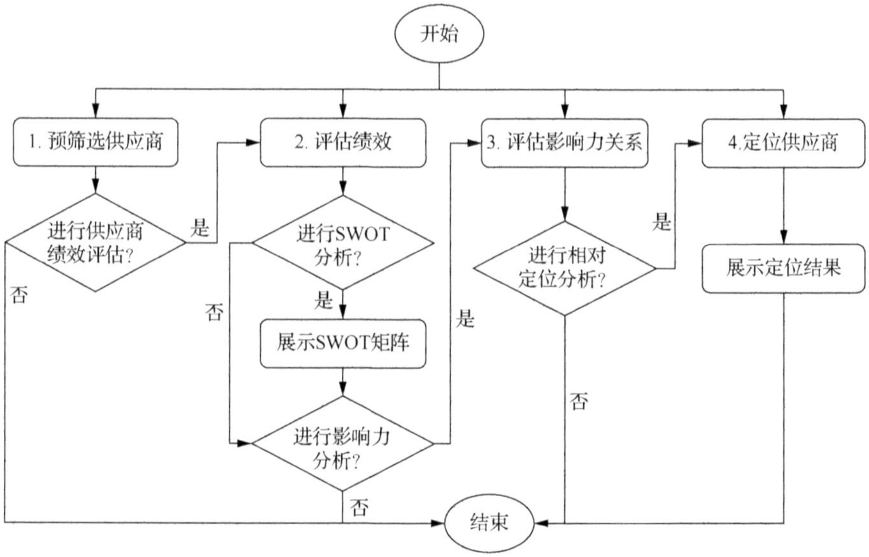

图 7-6　PEPA 工具的系统逻辑

当供应商数量较大时，用户可以从预选供应商开始，使用图 7-5 功能处理层的过滤模块来消除不合格供应商。在预先选择之后，该工具将引导用户对余下的供应商进行进一步的比较评估。

用户可以直接进入评估绩效功能。图 7-5 功能处理层和数据处理层中的模块除了过滤模块均需进行调用。图 7-5 中数据处理层中的语言表达翻译模块将用户的主观判断转换为模糊三角数，矩阵建立模块建立了使用模糊三角数的约束标准的比较矩阵与决策矩阵。权重模块计算约束标准的权重。在计算过程中，聚合模块同步来自多个决策者的多个判断。通过调用视图中的图表显示模块，所开发的工具采用折线图和条形图显示数值计算结果。依据数值结果，用户可以选择进行 SWOT 分析（见 6.2.3 节）。检索模块用于获取数据，图形显示模块绘制 SWOT 矩阵。该工具将引导用户继续进行影响力关系的量化。

量化影响力关系功能执行 6.3 节和 7.3 节中的影响力分析和评估。图 7-5 中数据处理层中的语言表达翻译模块将用户的主观判断转换为模糊三角数。矩阵建立模块建立了使用模糊三角数的决定因子的比较矩阵。权重模块计算决定因子的权重。单一计算模块计算供应商的绩效。在计算过程中，聚合模块同步来自多个决策者的多个判断。如果绩效评估结果可用，该工具将引导用户继续进行供应商的相对定位。

定位供应商功能通过将绩效评估结果与影响力优势关系的评估相结合，进行相对定位分析（见 6.4.1 节）。检索模块为图形显示模块准备数据，图形显示模块绘制的六个供应商-买方场景（图 6-13）。

7.4.3 数据实体模型

数据的传递依据图 7-6 总结的系统逻辑进行，因此需要定义数据实体及其在工具中的组织方式。四组数据实体根据在绩效与影响力评估计算中使用的方式进行区分，如图 7-7 所示分别为判断数据、影响力数据、绩效数据和结果表示。

如 7.1.3 节所述，有两种判断类型。一种是在成对比较时，表达一个约束标准或行列式对另一个标准或行列式的相对重要性。另一种是描述供应商针对约束标准的绩效表现，或针对影响力决定因子方面值的高低。这些判断结果收集在判断数据组中。比较语言表达（comparison linguistic expression）数据是第一类判断的语言表达，如“同等重要性”“中等重要性”“强重要性”。每个比较语言表达都与相应的比较模糊数（comparison fuzzy number）联系起来用以计算。判断语言表达（judgement linguistic expression）数据是第二类判断的语言表达，如“差”“公平”“好”，对应一个判断模糊数（judgement fuzzy number）。

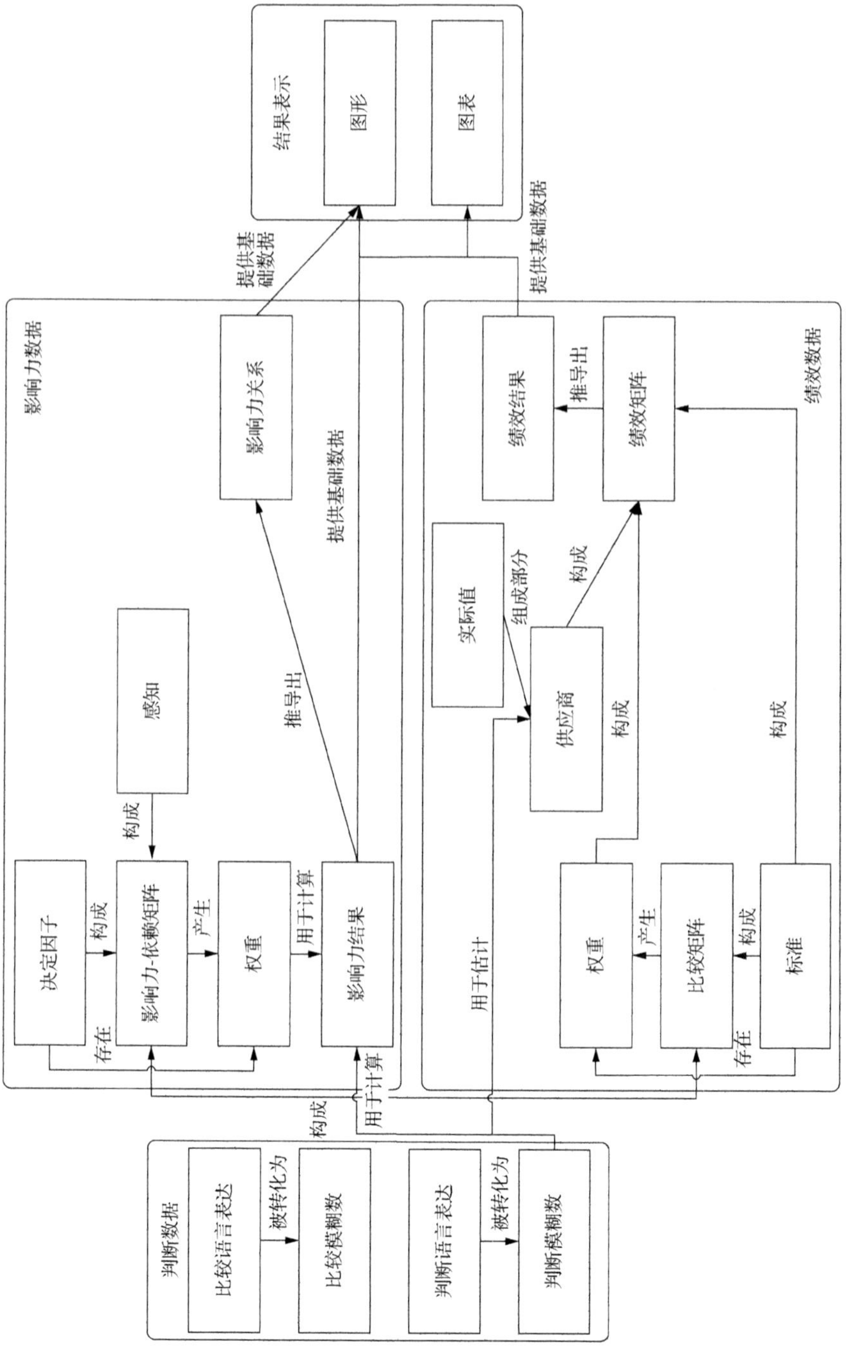
结果表示
图形
图表
提供基础数据
提供基础数据
影响力数据
影响力关系
提供基础数据
推导出
感知
构成
决定因子
构成
影响力-依赖矩阵
产生
权重
用于计算
影响力结果
存在
绩效数据
绩效结果
推导出
绩效矩阵
实际值
组成部分
构成
供应商
构成
构成
用于估计
权重
产生
比较矩阵
构成
标准
存在
构成
用于计算
判断数据
比较语言表达
被转化为
比较模糊数
判断语言表达
被转化为
判断模糊数

图 7-7 数据实体模型

影响力数据组包含与影响力评估相关的数据。决定因子（determinant）数据根据是否显示依赖性和是否与供应商影响力或买方影响力相关标记影响力决定因子。感知（perception）数据是[0,1]内的一个数值，表示供应商如何感知影响力决定因子。影响力-依赖矩阵（power-dependence matrix）由决定因子数据、感知数据和比较模糊数组成。比较模糊数来自判断数据组，代表一个决定因子相对于另一个的相对重要性。权重（weight）数据表示从影响力-依赖矩阵生成的决定因子权重的数值。影响力结果（power result）数据是买方或供应商的影响力值，采用 7.3.2 节中提出的模型，基于权重数据和判断模糊数计算得来。影响力关系（power relationship）数据使用供应商影响力结果和买方影响力结果之间的数值差记录影响力状况（即供应商支配、买方支配或平衡）。

绩效数据组由与绩效评估相关的数据组成。标准（criterion）数据标记绩效约束标准。比较矩阵（comparison matrix）数据是用比较模糊数组成的对约束标准成对比较结果的矩阵。权重（weight）数据是标准权重的具体数值，由比较矩阵生成。供应商（supplier）数据包含供应商绩效数据，即判断模糊数、实际值或两者的混合值。绩效矩阵（performance matrix）数据是用于绩效比较的决策矩阵。绩效结果（performance result）数据记录从绩效矩阵中供应商绩效的计算结果。

结果表示组包含两类数据实体，即图表（chart）和图形（graph）。图表包括要在条形图和折线图中显示的数据。图形包括在自定义图形表示中显示的数据，用于 SWOT 分析、影响力情况象限和相对定位。这些数据由数据实体的影响力结果、影响力关系和绩效结果数据构成。

7.4.4 数据需求

初始数据主要来自于用户的输入，其来自四个方面，如图 7-8 中的数据模型所示。

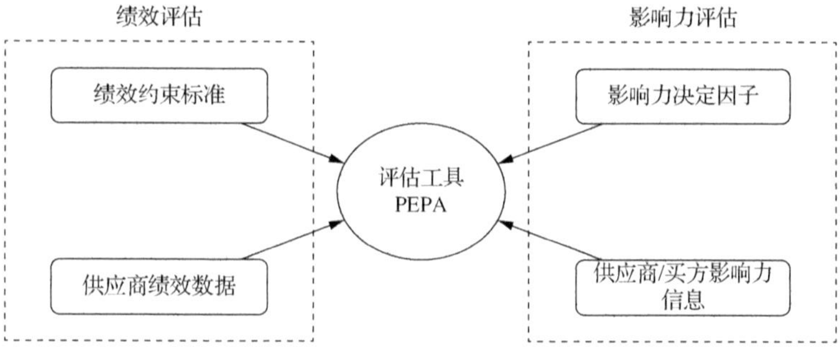

图 7-8 使用 PEPA 工具的数据输入模型

第一个方面涉及标准。买方公司的决策者（即工具的用户）需要确定评估绩效的约束标准。表 7-4 给出了在使用工具时所需提供的标准和子标准数据的模板。对于“标准列表”中的每个标准，决策者都需要说明它是否具有子标准。如果不存在子标准则需提供数值或作出定性判断。如果存在，则需要填写第二个模板“子标准列表”。标准的 ID 将自动生成，并用 PEPA 工具区分标准。该工具还允许决策者自行定义新标准。

表 7-4 约束标准输入模板

标准列表			
标准名称	ID	子列表 （是/否）	输入 （数值/判断）
产品质量	C4_1	是	—
交付期	C4_2	是	—
…			

子标准列表			
父标准	子标准名称	ID	输入 （数值/判断）
产品质量	产品可靠性	C4_1_1	判断
产品质量	缺陷率	C4_1_2	数值
产品质量	质量控制系统	C4_1_5	判断
…			

第二个方面是供应商的绩效。决策者需要填写模版表 7-5 中供应商针对约束标准的绩效信息，包括针对定量标准（如价格和交付期）的数值，或决策者给出的针对定性标准的判断，例如“供应商 *A* 在标准产品质量方面表现不佳、公平、良好等”。

表 7-5　供应商信息输入模板

供应商信息						
供应商	产品质量			交付期		…
	产品可靠性	缺陷率	质量控制系统	…	…	…
供应商 1	好	非常低	一般好			
供应商 2	非常好	低	好			
…						
供应商 *n*						

第三个方面考虑的是影响力决定因子。决策者决定哪些决定因子将用于影响力评估，决策者需要定义决定因子。PEPA 工具提供文献综述中搜集到的决定因子，决策者可以从列表中选择。同样，该工具允许决策者灵活地添加新的决定因子。

第四个方面是关于影响力值的判断。决策者需要填写如表 7-6 所示的模板，输入针对供应商和买方影响力决定因子的值，诸如“可供选择的买方数量低、中、高等”的判断。决策者可能很难确定有关供应商影响力的数值，因为这取决于有关供应商信息的质量和可用性。

表 7-6　影响力值输入模板

买方影响力（供应商的依赖）		供应商影响力（买方的依赖）	
决定因子	值	决定因子	值
可供选择的买方数量	低	可供选择的供应商数量	高
购买数量	非常高	对买方业务的重要性	非常高
…		…	

7.5 本章小结

绩效评估和影响力量化是进行供应商合作适应性度量的前提。本章讨论了量化方法构建的基础技术，即 AHP、TOPSIS 和三角模糊数。在此基础上本章建立模糊 AHP-TOPSIS 模型来进行绩效评估，并且建立简化的模糊 AHP 模型来对影响力量化。虽然数学模型易于理解，但其应用涉及大量的计算工作。因此，在建模过程中考虑将其计算机化，本章提出了相关的决策系统框架。基于该框架，本书进一步开发了一个软件工具来实现评估模型以及第 6 章中提出的定位方法，这将在下一章中介绍。

第 8 章　决策系统展示与应用

决策系统的实现有助于所提出的决策方法在研究和实际中的应用。在评估绩效和影响力关系过程中涉及众多计算，使用软件工具可以减少计算工作量和降低手工计算出错的可能性。同时，图形化表示更易于决策者对问题和结果进行直观理解，图形用户界面允许用户轻松地与方法交互。本章介绍基于前文所提出的决策系统框架所实现的 PEPA 工具以及其示例应用。

8.1　结果可视化

显示结果的方式会影响工具的易用性，本节讨论用于显示结果的五个主要可视化方式。

8.1.1　数据成对比较

成对比较是对评估中的绩效约束标准/影响力决定因子的两两比较。由于用户直接填写大型矩阵时很容易产生错误，因此 PEPA 工具提供了一个进行标准比较的问题列表，如图 8-1 所示，并根据提供给用户的答案自动建立成对比较矩阵。

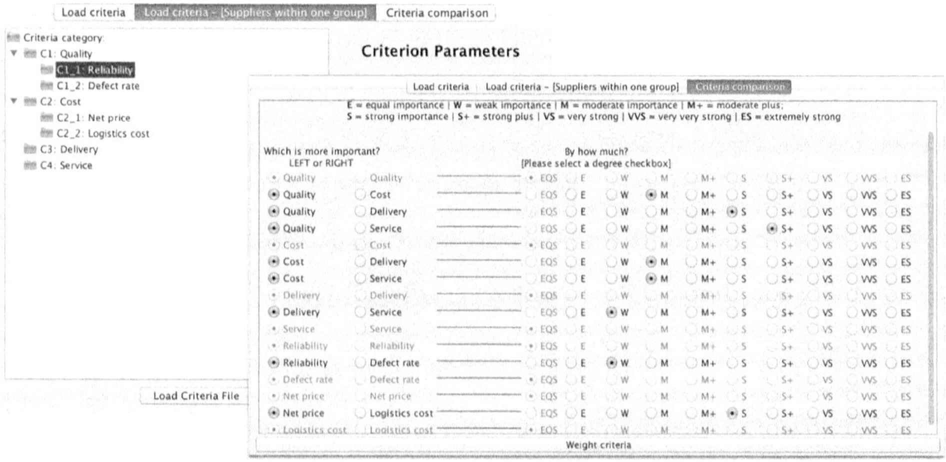

图 8-1　PEPA 工具成对比较界面

8.1.2　评估结果展示

绩效评估的目的是比较不同的供应商，结果是一组不同供应商的总体绩效值。PEPA 工具以如图 8-2 的方式展示结果：左侧为数值结果，右侧上方采用柱状图直观地显示了供应商排名，右侧下方采用折线图来可视化每个供应商在各个标准下的绩效。

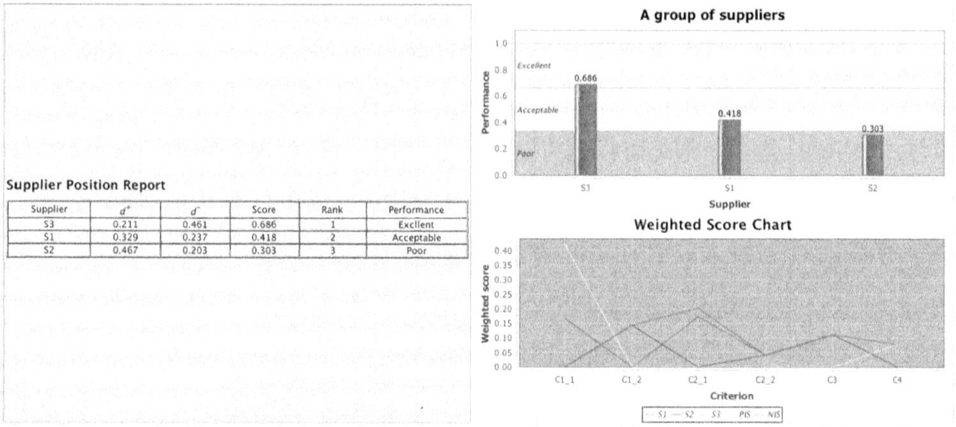

图 8-2　PEPA 工具绩效评估结果展示界面

加权得分图（weighted score chart）的折线图可以显示更多细节，包括：①按约束标准进行比较；②每个供应商的绩效相对于标准的波动，可以分析供应商的最佳绩效和最差绩效之间存在的差异度；③各标准下绩效的最优理想方案与最差理想方案。

影响力评估也是进行比较，但是与绩效评估不同的是在一个供应商和一个买方之间进行。PEPA 工具采用如图 8-3 的方式展示结果：左侧部分给出双方影响力和依赖的数值结果以及影响力关系结论，右边采用柱形图直观比较双方的影响力和依赖关系。

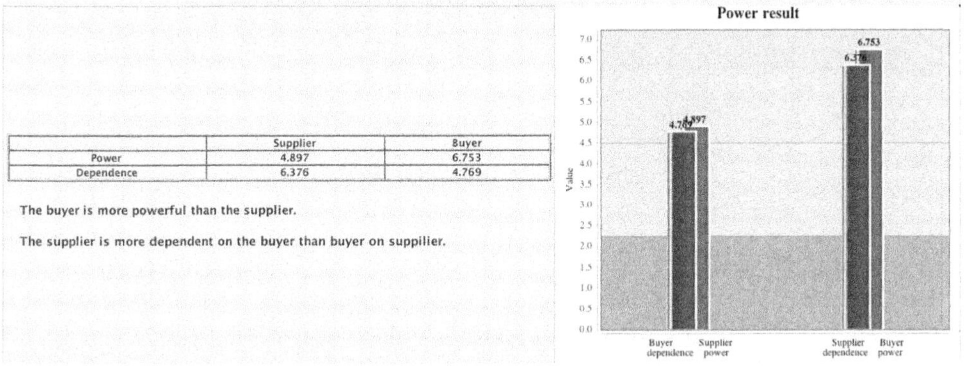

图 8-3　PEPA 工具影响力关系评估界面

8.1.3　绩效描述模型图示化

6.2.3 节中的绩效描述模型 SWOT 分析根据标准权重和相应绩效值将供应商的绩点分布在四个象限中。象限的划分依据两个轴上“低”和“高”刻度的临界值时，如何确定这两个值是可视化的关键问题。对于“权重”轴即纵轴，1/n 用作“低”和“高”之间的划分，其中 n 是绩效评估中直接用于计算的标准/子标准数，因为 1/n 是平均权重，1 是标准权重的总值。权重轴的上边界被设置为所有标准中的最大值。之所以不设 1 为上边界，是因为在大多数情况下，标准的权重均与 1 相差较远，会使得点的分布均集中在图的下方。即使在极端情况下，一个标准与另外一个相比极度重要，其权重也只为 0.9。对于“绩效值”的水平轴，根据 6.2 节中的判断尺度，数值范围为 0～8，因此选择中间值 4 作为高和低之间的划分。

假设有四个标准：质量（其有两个子标准——可靠性和缺陷率）、成本（有两个子标准——净价和物流成本）、交付期和服务。表 8-1 的示例数据中给出了一个供应商的绩效值。

表 8-1　象限划分举例

标准及权重	子标准及权重	绩效值
质量：0.565	可靠性：0.421	6
	缺陷率：0.144	7
成本：0.244	净价：0.203	2.5
	物流成本：0.041	7
交付期：0.112	—	5
服务：0.079	—	2

共有六个标准/子标准的权重参与最后的绩效计算，即可靠性、缺陷率、净价、物流成本、交付期和服务，因此“权重”轴上“低”和“高”之间的分界点为 1/6。上边界为 0.565，是质量的权重，而不是其子标准可靠性的权重。表 8-1 的示例数据对应的 SWOT 展示如图 8-4 所示，供应商的绩点的分布位置由小方格表示。

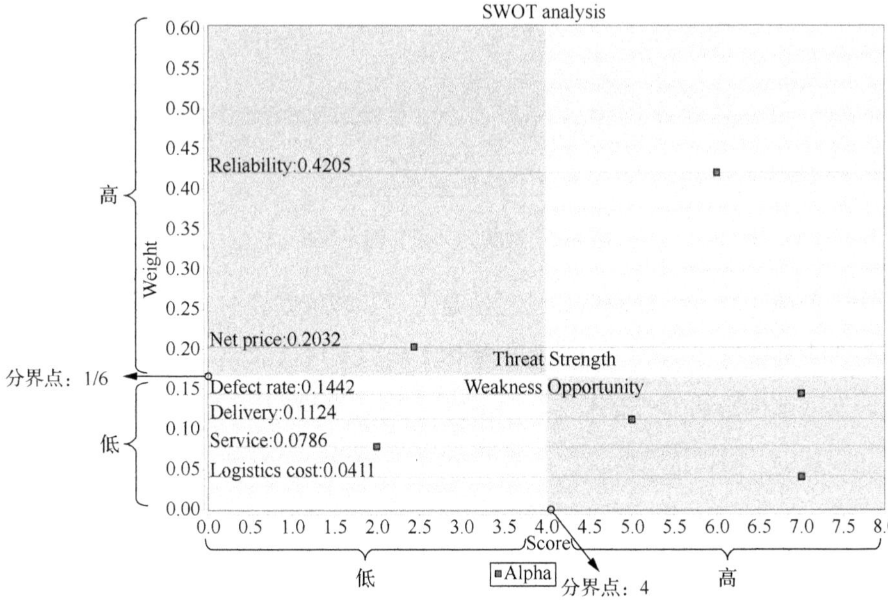

图 8-4　SWOT 分析界面与解析

8.1.4 影响力情景图示化

在影响力情景分析中，将影响力关系与依赖性相结合进行可视化，使得用户可以直观地进行两者的分析（见 6.3.3 节）。根据 7.1.3 节中的影响力判断尺度，“供应商影响力”轴（纵轴）和“买方影响力”轴（横轴）的值域在 0～8。如图 8-5 所示，上三角区表示供应商主导，下三角区表示买方主导，对角线表示影响力平衡区域。

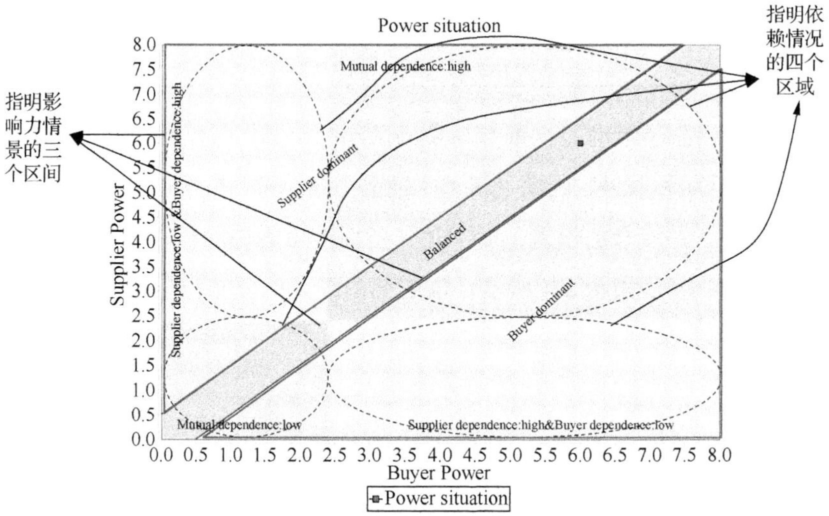

图 8-5 影响力关系界面及解析

由于影响力由能够反映依赖性的决定因子和非依赖性的决定因子组成，且其中前者占主要部分，因此设定当高于整体影响力平均值的 60%的影响力来自于前者时，即依赖性影响力值高于 2.4（4×60%）时，视为高依赖性。图 8-5 背景中的四个象限显示了四种依赖场景，表明了 6.3.3 节中讨论的双方对合作的可能态度。

8.1.5 供应商定位图示化

供应商的相对定位中依据绩效和影响力关系的数值结果，可视化了九个区域，总结了六个场景即理想型、满意型、可容忍型、不适合型、风险型和棘手型。可视化结果如图 8-6 所示，其展示了一个定位于可容忍型场景中的供应商。其关键问题在于九个区域在横纵中的边界值。“影响力关系”轴（横轴，power）中的次序安排为 “供应商主导”（supplier dominant）、“平衡”（balanced）和“买方主导”（buyer dominant），依据对前文对三者的定义，其值区间分别为[−8, −0.5)、[−0.5, 0.5]和（0.5, 8]。

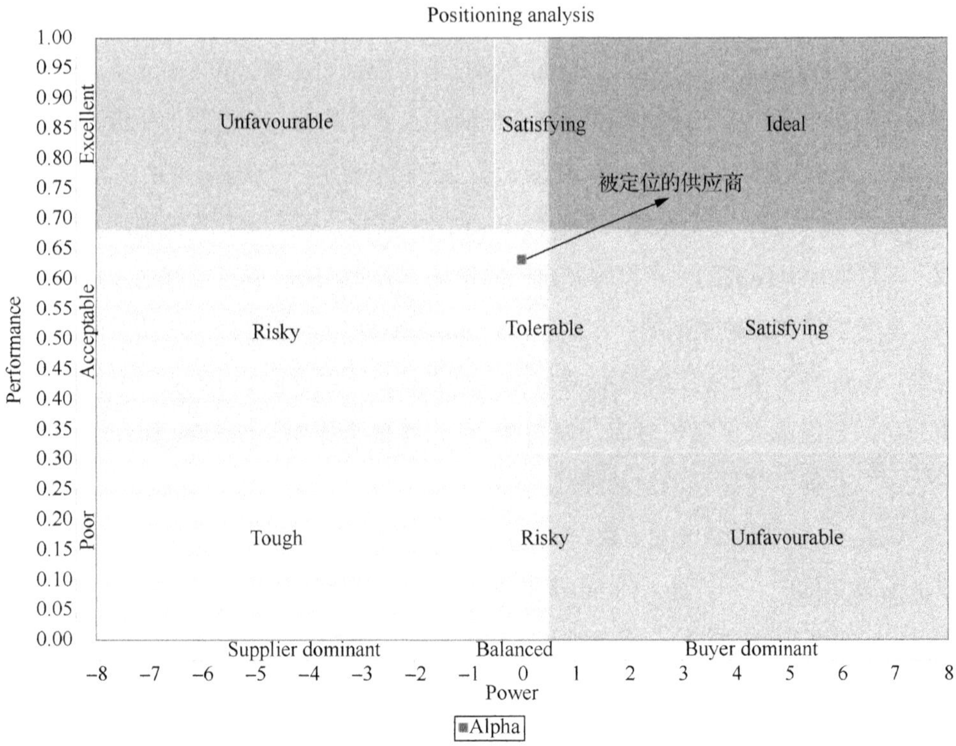

图 8-6　供应商相对定位的展示界面

在定义“绩效”轴（纵轴，performance）的范围时，依据归一化后计算的结果值将供应商的整体绩效分为“差”（poor）、“可接受”（acceptable）和“优秀”（excellent），其值区间分别为[0, 0.31）、[0.31, 0.68]和（0.68, 1]。方括号表示包含边界值，圆括号表示排除边界值。以[0, 0.31）为例，是从 0 到 0.31 的范围，其中不包括 0.31。

8.2 示例应用

通过将 PEPA 工具在示例中进行应用，以确保其正确地实现了本书所提出的评估方法和模型。本节演示如何使用 PEPA 工具选择合适的供应商，所采用的说明性案例为制造业领域，包含一个买方和三个供应商。买家公司 Gamma 计划将业务拓展到一个新地区，因此寻求战略合作伙伴关系，其有三个潜在的供应商。供应商 Alpha 是该地区一家新成立的本地公司，拥有当地的生产设施，价格优惠。然而，Gamma 从未与 Alpha 合作过。供应商 Beta 是一家大公司，其业务范围涉及多个领域，其在当地有现成的生产设施和自己的市场。因此，Beta 具有良好的本地市场知识。基于以往在其他领域的合作经验，Gamma 知道 Beta 能够提供高质量的产品。但是，Beta 在价格、折扣和交付等问题上难以议价。供应商 Delta 是一个相对较大的公司，已经成立了很长时间。在与 Delta 以往的合作中，Gamma 作为其主要客户之一，获得了良好且稳定的绩效，但问题是 Delta 在当地没有制造设施。

Gamma 需要谨慎地做出决定，因为这种战略性合作的质量将极大地影响其新业务的成功推广。一方面，Gamma 需要确保合作的伙伴具有较高的能力。另一方面，它还需要知道双方的合作是否易于建立并且能够稳定。按照本书提出的分析方法，下面将先对这三个潜在供应商的绩效进行评估，然后对每个供应商和 Gamma 进行影响力分析，最后基于这两个结果的相对定位，进行供应商的合理选择。

8.2.1 供应商绩效分析

采用在 PEPA 工具实现的 7.2 节中的方法对 Gamma 的三个潜在供应商进行绩效分析。分析过程中采用如下约束标准。

（1）产品质量，其包含的子约束标准为产品可靠性、缺陷率和质量控制系统；

（2）交付期，其包含的子约束标准为交货时间和新产品准备时间；

（3）成本，其包含的子约束标准为净价格和物流成本；

（4）生产能力及设施，其包含的子约束标准为生产能力和生产计划系统；

（5）地理，其包含的子约束标准为地理位置；

（6）服务，其包含的子约束标准为维修服务；

（7）技术能力，其包含的子约束标准为当前技术、制造能力和未来技术发展；

（8）财务，其包含的子约束标准为财务状况和可投入的金融资产；

（9）市场，其包含的子约束标准为本地市场知识和上市速度。

图 8-7 显示了 PEPA 工具的约束标准选择面板，其中左侧的四个象限显示了对应 6.2 节介绍的四个合作关系层次下的标准，右侧的表显示了已选择的标准。

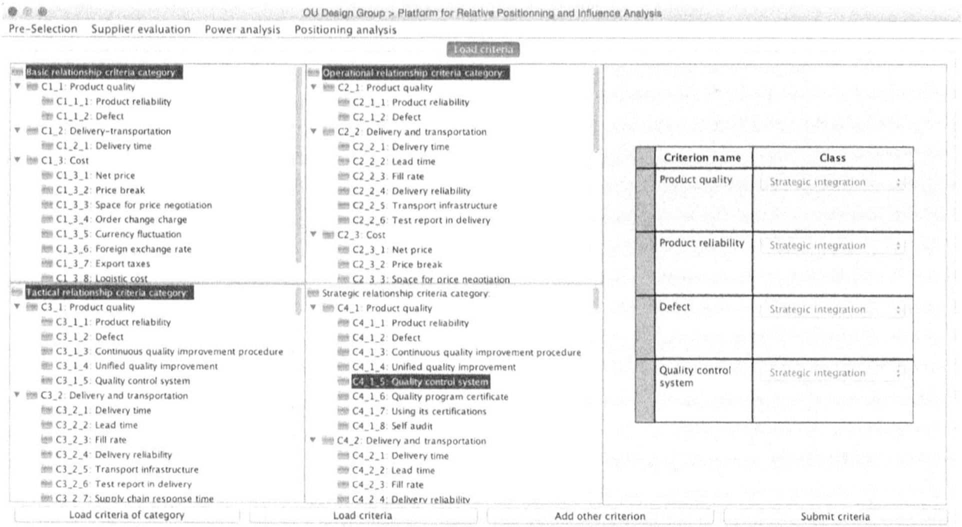

图 8-7 约束标准选择

选择标准并单击“Submit criteria”（提交标准）按钮后，所有选定的标准都将显示在一个新的面板中，这样决策者就可以进行双重检查，如图 8-8 所示。

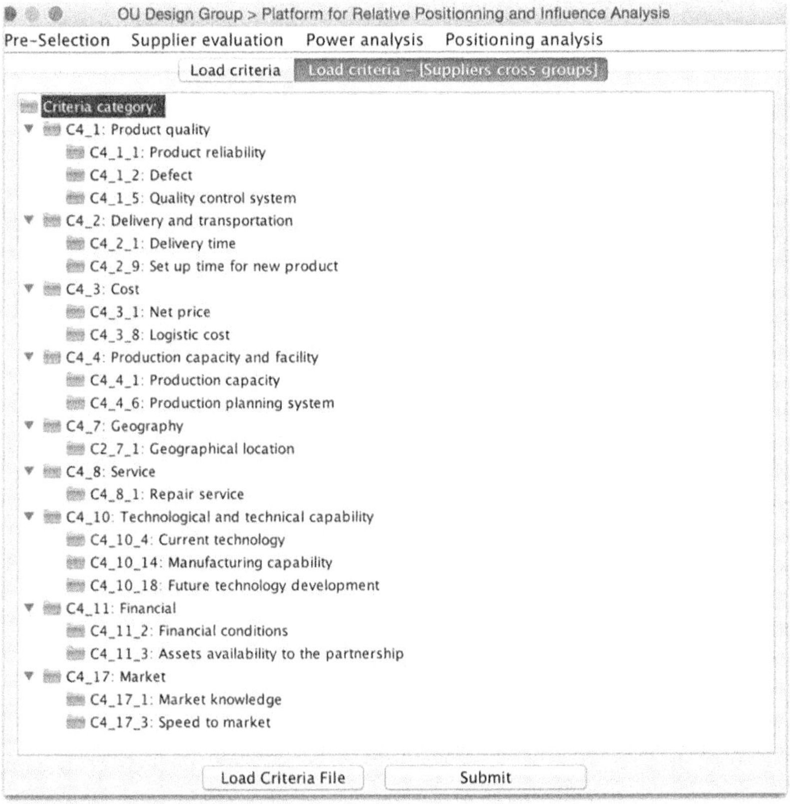

图 8-8　选定标准确认

PEPA 工具允许多个决策者做出判断，这些判断将被整合并用于评估（见 7.2.3 节）。来自 Gamma 的两个决策者（DMU_1:Expert1 和 DMU_2:Expert2）成对比较标准并对供应商的绩效进行定性判断。由于 Gamma 的主要目标是进入一个新的区域市场，因此合作伙伴能带来的商业机会比利润更为重要。总的来说，技术能力、产品质量和市场是最重要的三个方面。财务方面、生产能力及设施和成本比交付、地理位置和服务更重要。经过成对比较后，这些标准的权重计算如表 8-2 所示。图 8-9 显示了 PEPA 工具计算主标准权重的结果界面。

表 8-2 标准权重

主约束标准及 ID	权重	子约束标准及 ID	权重
C4_1：产品质量（product quality）	0.2192	C4_1_1：产品可靠性（product reliability）	0.1386
		C4_1_2：缺陷率（defect）	0.0572
		C4_1_5：质量控制系统（quality control system）	0.0234
C4_2：交付与运输（delivery and transportation）	0.038	C4_2_1：交货时间（delivery time）	0.0133
		C4_2_9：新产品准备时间（set up time for new product）	0.0247
C4_3：成本（cost）	0.0649	C4_3_1：净价格（net price）	0.0325
		C4_3_8：物流成本（logistic cost）	0.03245
C4_4：生产能力及设施（production capacity and facility）	0.0649	C4_4_1：生产能力（production capacity）	0.03245
		C4_4_6：生产计划系统（production planning system）	0.03245
C4_7:地理（geography）	0.0229	C4_7_1：地理位置（geographical location）	0.0229
C4_8：服务（service）	0.0229	C4_8_1：维修服务（repair service）	0.0229
C4_10：技术能力（technological and technical capability）	0.3122	C4_10_4：当前技术（current technology）	0.0815
		C4_10_14：制造能力（manufacturing capability）	0.1974
		C4_10_18：未来技术发展（future technology development）	0.0333
C4_11：财务（financial）	0.1014	C4_11_2：财务状况（financial conditions）	0.0843
		C4_11_3：可投入合作的资产（assets availability to the partnership）	0.0171
C4_17：市场（market）	0.1536	C4_17_1：市场知识（market knowledge）	0.0392
		C4_17_3：上市速度（speed to market）	0.1144

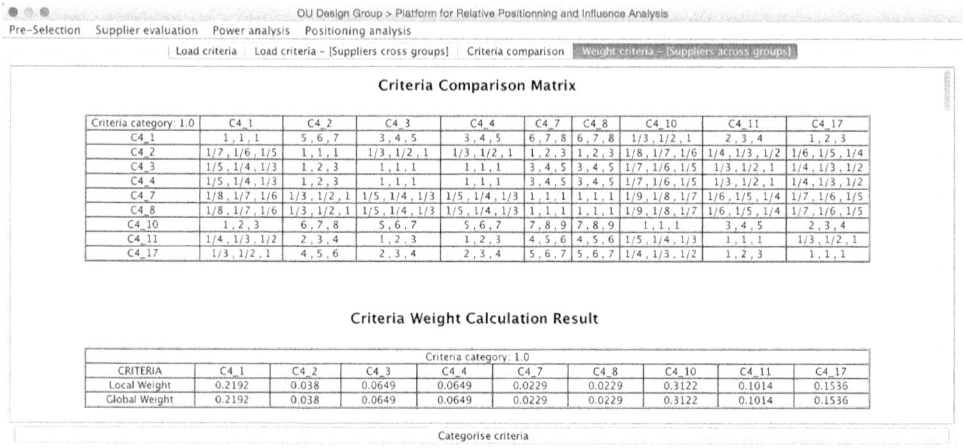

Criteria category: 1.0	C4_1	C4_2	C4_3	C4_4	C4_7	C4_8	C4_10	C4_11	C4_17
C4_1	1,1,1	5,6,7	3,4,5	3,4,5	6,7,8	6,7,8	1/3,1/2,1	2,3,4	1,2,3
C4_2	1/7,1/6,1/5	1,1,1	1/3,1/2,1	1/3,1/2,1	1,2,3	1,2,3	1/8,1/7,1/6	1/4,1/3,1/2	1/6,1/5,1/4
C4_3	1/5,1/4,1/3	1,2,3	1,1,1	1,1,1	3,4,5	3,4,5	1/7,1/6,1/5	1/3,1/2,1	1/4,1/3,1/2
C4_4	1/5,1/4,1/3	1,2,3	1,1,1	1,1,1	3,4,5	3,4,5	1/7,1/6,1/5	1/3,1/2,1	1/4,1/3,1/2
C4_7	1/8,1/7,1/6	1/3,1/2,1	1/5,1/4,1/3	1/5,1/4,1/3	1,1,1	1,1,1	1/9,1/8,1/7	1/6,1/5,1/4	1/7,1/6,1/5
C4_8	1/8,1/7,1/6	1/3,1/2,1	1/5,1/4,1/3	1/5,1/4,1/3	1,1,1	1,1,1	1/9,1/8,1/7	1/6,1/5,1/4	1/7,1/6,1/5
C4_10	1,2,3	6,7,8	5,6,7	5,6,7	7,8,9	7,8,9	1,1,1	3,4,5	2,3,4
C4_11	1/4,1/3,1/2	2,3,4	1,2,3	1,2,3	4,5,6	4,5,6	1/5,1/4,1/3	1,1,1	1/3,1/2,1
C4_17	1/3,1/2,1	4,5,6	2,3,4	2,3,4	5,6,7	5,6,7	1/4,1/3,1/2	1,2,3	1,1,1

Criteria category: 1.0									
CRITERIA	C4_1	C4_2	C4_3	C4_4	C4_7	C4_8	C4_10	C4_11	C4_17
Local Weight	0.2192	0.038	0.0649	0.0649	0.0229	0.0229	0.3122	0.1014	0.1536
Global Weight	0.2192	0.038	0.0649	0.0649	0.0229	0.0229	0.3122	0.1014	0.1536

图 8-9 标准权重结果界面

之后，两个决策者针对每个标准来判断每个供应商的绩效。以产品可靠性为例，根据 Gamma 关于供应商 Alpha 的信息，决策者 DMU_1:Expert1 认为其具有很高的产品可靠性，将其描述为“良好”；决策者 DMU_2:Expert2 则更为严格，并将其描述为“中等质量”。根据过去的记录，决策者 DMU_1:Expert1 认为供应商 Beta 的产品可靠性的绩效为“非常好”，Delta 则为“良好”。决策者 DMU_2:Expert2 认为供应商 Beta 针对该标准的绩效为“良好”，Delta 则为“中等良好”。图 8-10 显示了两个决策者进行判断的 PEPA 工具页面。工具允许添加更多的决策者，如图 8-10 左上角所示。

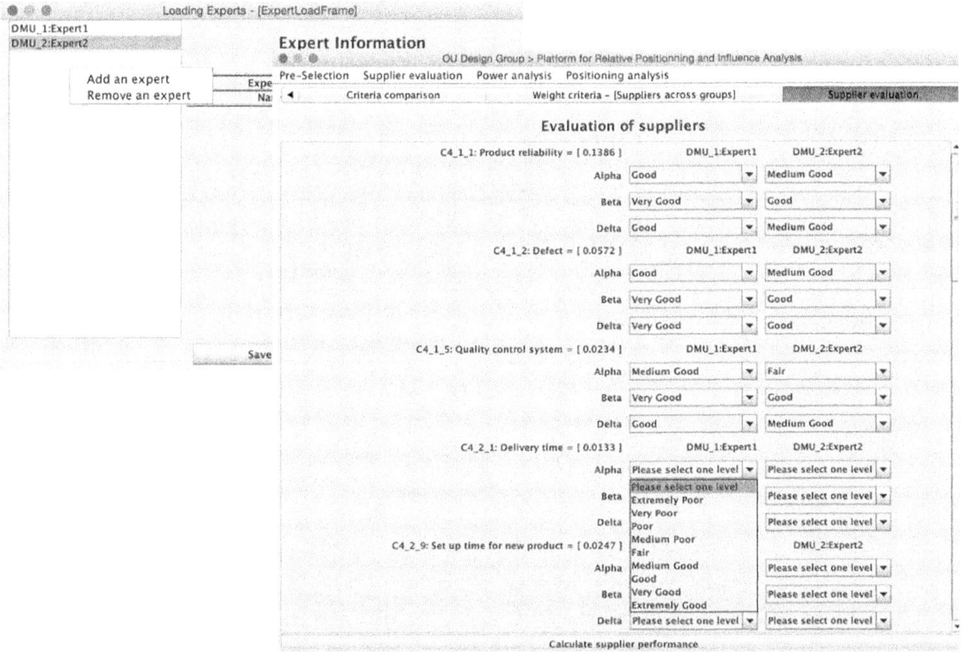

图 8-10　决策者信息输入与绩效判断的输入界面

当决策者完成输入所有判断时，PEPA 工具将这些判断转化为对应的模糊三角数，并使用 7.2.3 节中的方法评估三家供应商的整体绩效。图 8-11 是评估结果的屏幕截图，左侧面板显示针对每个标准的判断，底部的滚动条用来显示更多的标准、判断以及总体结果，右侧面板显示排名的图形视图。三个供应商的排序为 Beta>Delta>Alpha，Beta 的整体绩效为优秀（excellent），Delta 和 Alpha 的绩效是可以接受的（acceptable），其中 Delta 接近优秀。

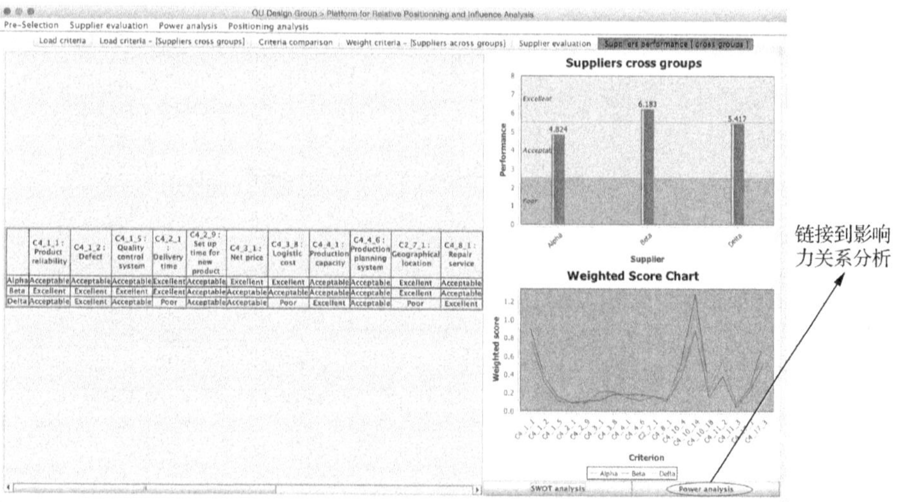

图 8-11　评估结果界面

8.2.2　买方-供应商影响力关系确定

先前的评估表明哪个/些供应商的绩效为最佳。但是，这并不能保证买方 Gamma 将获得这种绩效，因为受到影响力关系的影响，提供出色绩效的供应商可能不愿意合作，从而使谈判变得困难。因此需要进一步分析 Gamma 与 Alpha、Beta、Delta 之间的影响力关系。根据 6.3.1 节中的决定因子识别模型来定义因子，PEPA 工具提供了一个预定义的决定因子列表（如图 8-12 所示，向下滚动以获得完整的列表）可供决策者选择。

决策者从图 8-12 左侧列表中进行选择因子后，PEPA 工具在右侧自动创建分析依赖表。决定因子的属性可以根据决策者的判断（value，简写为 V）、SD、BD、SP 和 BP 进行编辑分析。影响力关系分析功能可以通过图 8-11 绩效分析中的“Power analysis”（影响力分析）按钮进行，从而与绩效分析结果关联，也可以通过从菜单栏中选择单独运行。

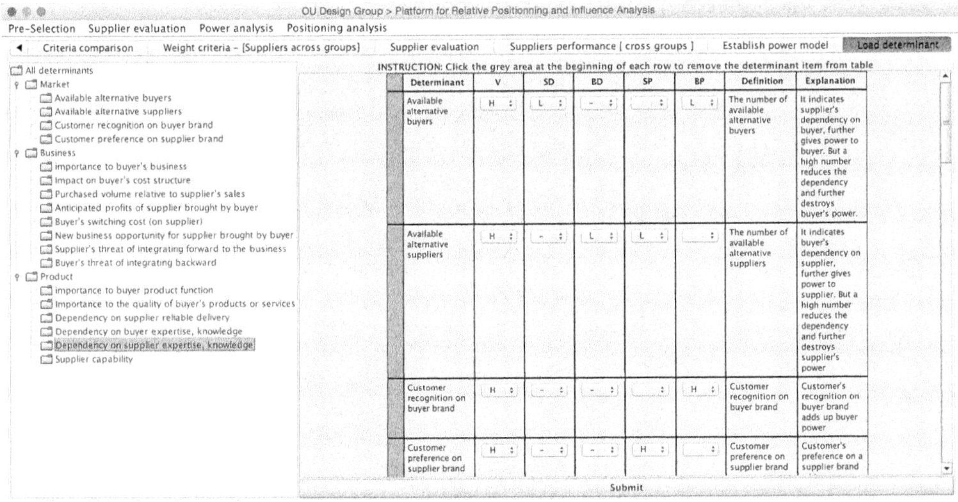

图 8-12　选择或分析决定因子界面

图 8-13 为最终选定的决定因子的展示界面，其中突出显示了能够反映依赖性的决定因子。图中显示的是用以分析 Gamma 和 Alpha 影响力的决定因子。

通过成对比较这些决定因子以计算其权重。同时在计算时添加一个百分比（即感知概率），用以说明供应商如何感知决定因子对关系的贡献。例如，当买方认为供应商一定会考虑“可供选择的买方数量”时，100%则会被添加到该因子上。当买方认为供应商考虑“买方带来的预期利润”的可能性为 50%时，50%则会被添加到该因子上。这些百分比用于四种类型的估计（客观性、可能性、乐观和悲观），它们由买方公司的决策者根据掌握的供应商信息进行判断。图 8-14 为买方影响力的决定因子成对比较界面。

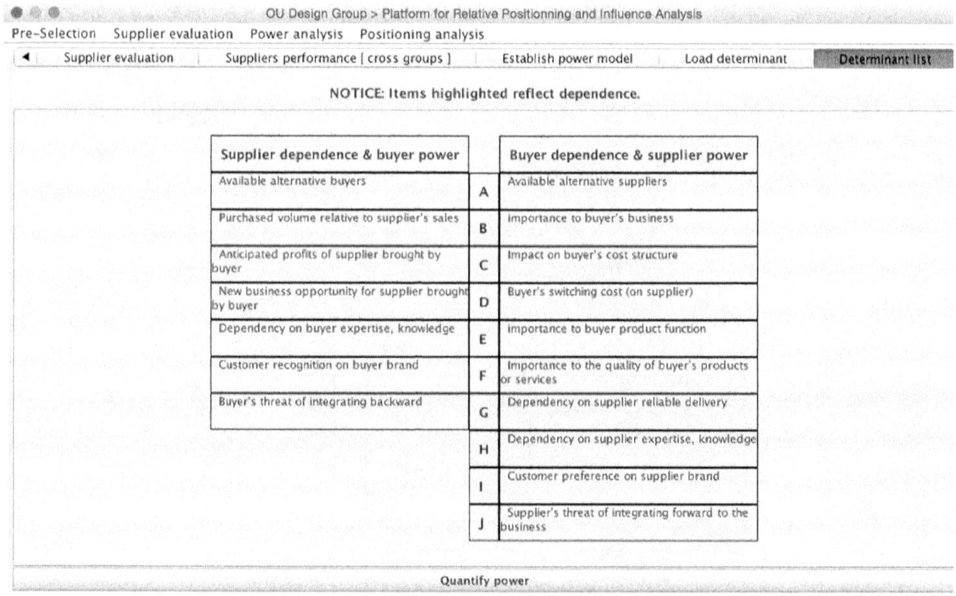

图 8-13　最终选定的决定因子的展示界面

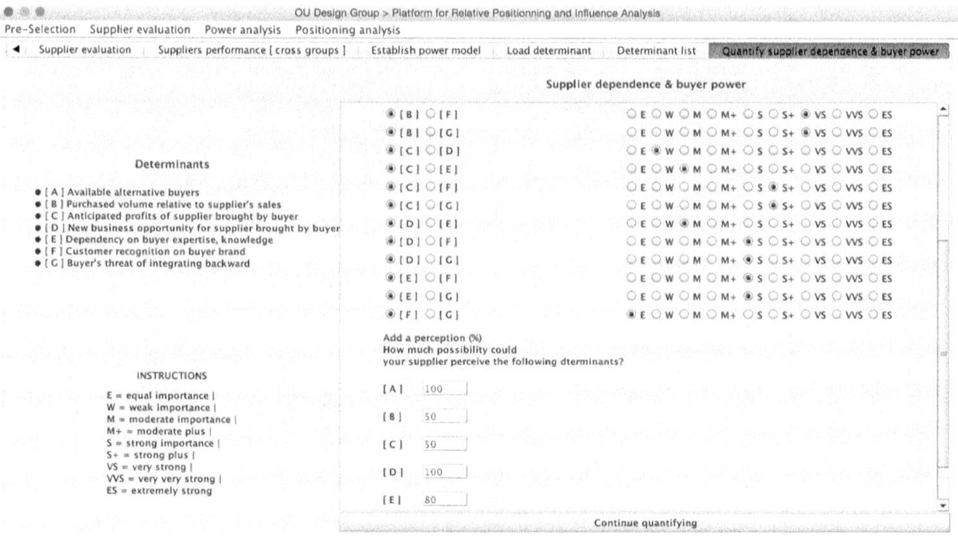

图 8-14　买方影响力的决定因子成对比较界面

在决策者完成输入后，PEPA 工具生成买方影响力（供应商依赖性）和供应商影响力（买方依赖性）的两个矩阵，结果如图 8-15 所示。其中对较角线中的数值为供应商对该因子的感知概率，考虑页面显示空间，用小数代替图 8-14 中的百分比，即用 1 代替 100%，0.5 代替 50%。

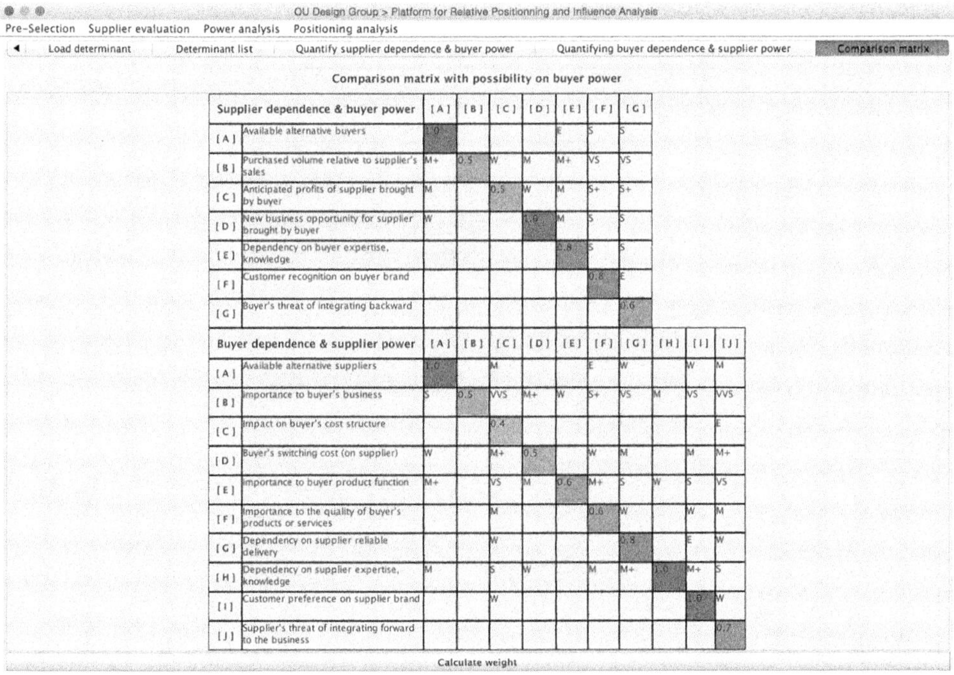

Supplier dependence & buyer power		[A]	[B]	[C]	[D]	[E]	[F]	[G]
[A]	Available alternative buyers	1.0				E	S	S
[B]	Purchased volume relative to supplier's sales	M+	0.5	W	M	M+	VS	VS
[C]	Anticipated profits of supplier brought by buyer	M		0.5	W	M	S+	S+
[D]	New business opportunity for supplier brought by buyer	W			1.0	M	S	S
[E]	Dependency on buyer expertise, knowledge					0.8	S	S
[F]	Customer recognition on buyer brand						0.8	E
[G]	Buyer's threat of integrating backward							0.6

Buyer dependence & supplier power		[A]	[B]	[C]	[D]	[E]	[F]	[G]	[H]	[I]	[J]
[A]	Available alternative suppliers	1.0		M			E	W		W	M
[B]	Importance to buyer's business	S	0.5	VVS	M+	W	S+	VS	M	VS	VVS
[C]	Impact on buyer's cost structure			0.4							E
[D]	Buyer's switching cost (on supplier)	W		M+	0.5		W	M		M	M+
[E]	Importance to buyer product function	M+		VS	M	0.6	M+	S	W	S	VS
[F]	Importance to the quality of buyer's products or services			M			0.6	W		W	M
[G]	Dependency on supplier reliable delivery			W				0.8		E	W
[H]	Dependency on supplier expertise, knowledge	M		S	W		M	M+	1.0	M+	S
[I]	Customer preference on supplier brand			W						1.0	W
[J]	Supplier's threat of integrating forward to the business										0.7

图 8-15　PEPA 工具生成的成对比较矩阵

单击“Calculate weight”（计算权重）按钮后，将计算这些因子的权重。图 8-16（a）和（b）分别显示了买方 Gamma 和供应商 Alpha 影响力决定因子的权重。

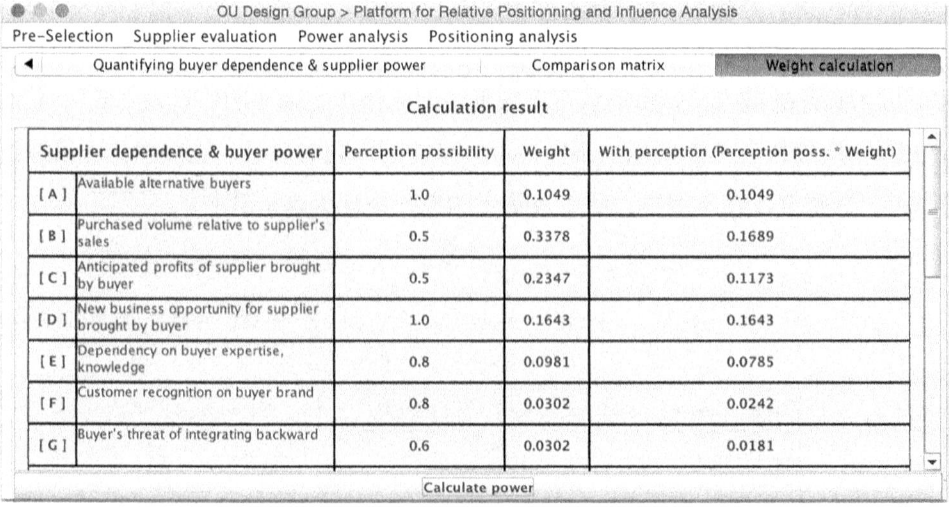

Supplier dependence & buyer power		Perception possibility	Weight	With perception (Perception poss. * Weight)
[A]	Available alternative buyers	1.0	0.1049	0.1049
[B]	Purchased volume relative to supplier's sales	0.5	0.3378	0.1689
[C]	Anticipated profits of supplier brought by buyer	0.5	0.2347	0.1173
[D]	New business opportunity for supplier brought by buyer	1.0	0.1643	0.1643
[E]	Dependency on buyer expertise, knowledge	0.8	0.0981	0.0785
[F]	Customer recognition on buyer brand	0.8	0.0302	0.0242
[G]	Buyer's threat of integrating backward	0.6	0.0302	0.0181

（a）买方决定因子权重结果

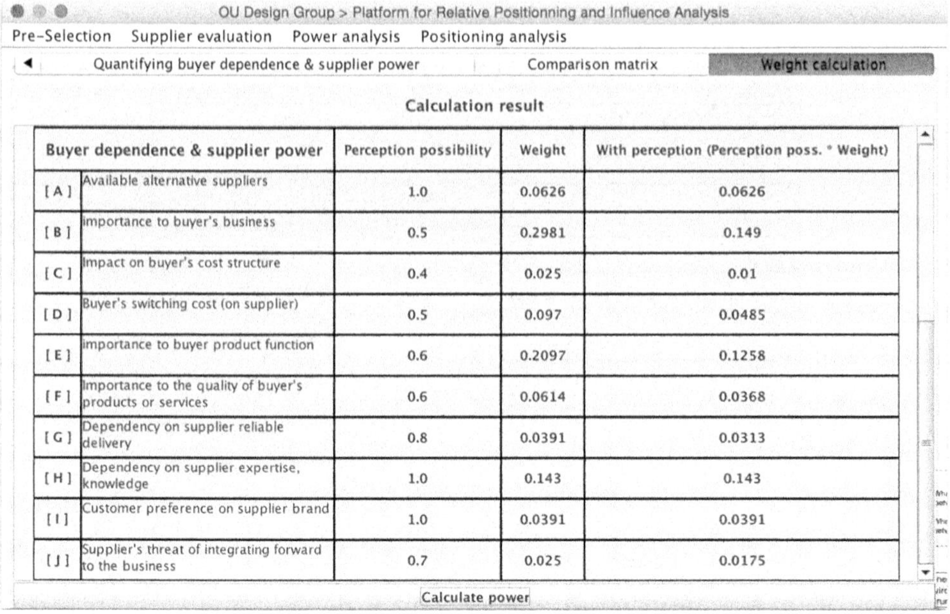

Buyer dependence & supplier power		Perception possibility	Weight	With perception (Perception poss. * Weight)
[A]	Available alternative suppliers	1.0	0.0626	0.0626
[B]	importance to buyer's business	0.5	0.2981	0.149
[C]	Impact on buyer's cost structure	0.4	0.025	0.01
[D]	Buyer's switching cost (on supplier)	0.5	0.097	0.0485
[E]	importance to buyer product function	0.6	0.2097	0.1258
[F]	Importance to the quality of buyer's products or services	0.6	0.0614	0.0368
[G]	Dependency on supplier reliable delivery	0.8	0.0391	0.0313
[H]	Dependency on supplier expertise, knowledge	1.0	0.143	0.143
[I]	Customer preference on supplier brand	1.0	0.0391	0.0391
[J]	Supplier's threat of integrating forward to the business	0.7	0.025	0.0175

（b）供应商 Alpha 决定因子权重结果

图 8-16　权重结果

之后，两个决策者（DMU_1 和 DMU_2）针对每个决定因子输入双方影响力的判断值，如图 8-17 所示。例如，考虑“潜在买家数量”时，Alpha 几乎没有买家，因为它是新成立的，市场认可度很低，因此该决定因子的值设为“低”，其对应的判断尺度如表 7-2 所示。不同决策者可能有不同的意见，这些意见可以通过 PEPA 工具整合，在本例中，两个决策者的判断被认为是一致的。

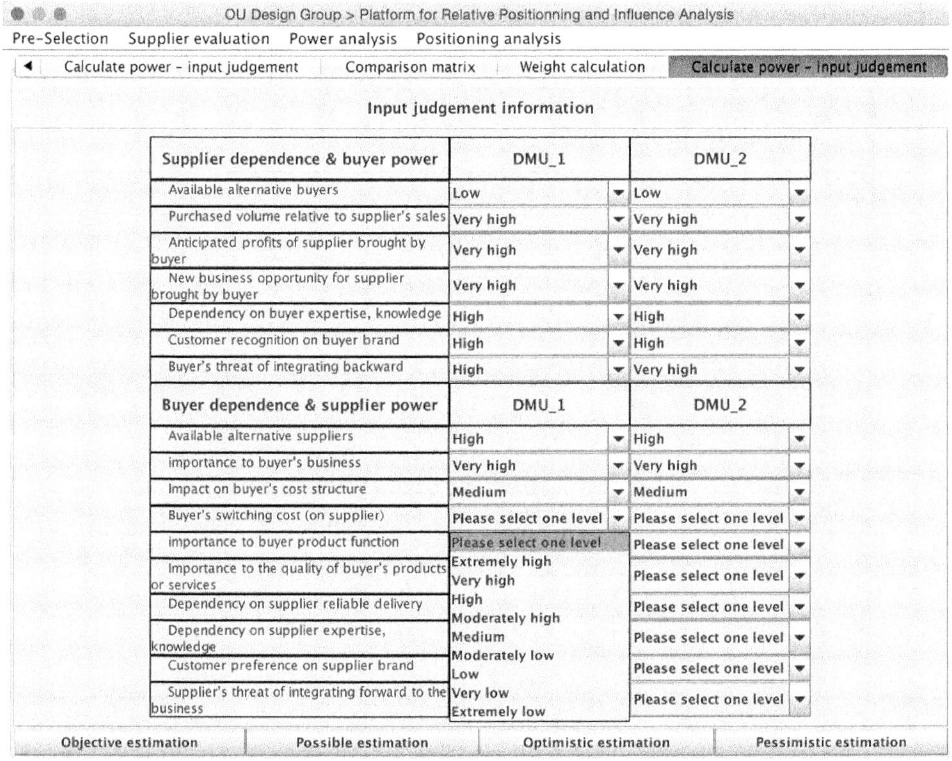

图 8-17　影响力值输入界面

影响力关系是综合决定因子的权重、感知概率和针对每个因子的影响力判断值来进行估计，所采用的方法如 7.3.2 节和 7.3.3 节所介绍。图 8-17 底部的四个按钮对应于 6.3.3 节和 7.3.3 节中的四种估算类型。图 8-18 显示了供应商 Alpha 和买方 Gamma 影响力的客观估算数值结果。

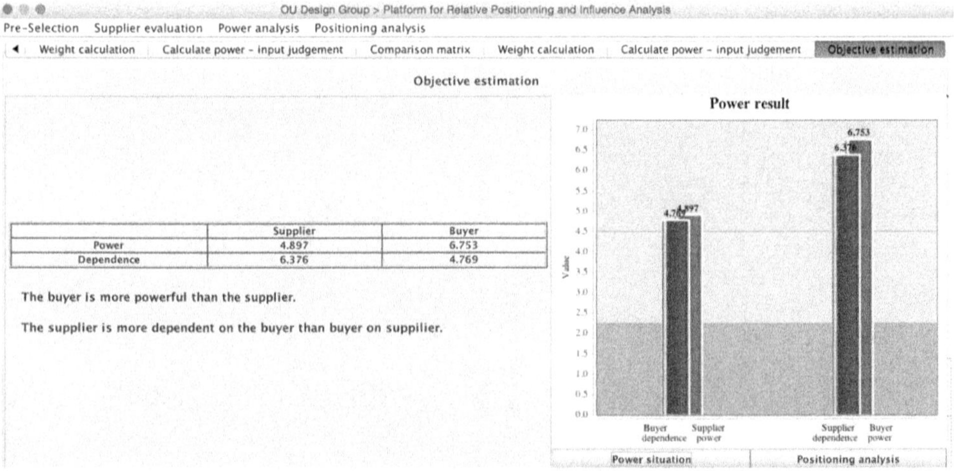

图 8-18　影响力关系评估结果界面

单击“Power situation”（影响力情景）按钮，将显示买方与供应商的影响力关系图。图 8-19 显示了使用四种估算的数值结果的 Alpha 和 Gamma 之间的影响力关系。如图 8-19 所示，除了在悲观估算中双方的影响力关系处于平衡状态，买方 Gamma 在所有类型的估算中都主导供应商 Alpha。这表明 Gamma 比 Alpha 具有影响力优势。单击图 8-18 中的“Positioning analysis”（定位分析）按钮，该工具将继续评估 Gamma 和 Beta（图 8-20）、Gamma 和 Delta（图 8-21）之间的影响力关系。可以看出，Beta 比 Gamma 具有影响力优势，因为它在所有情况下都主导 Gamma。Gamma 和 Delta 之间的关系是相对平衡的，倾向于 Gamma 具有优势。

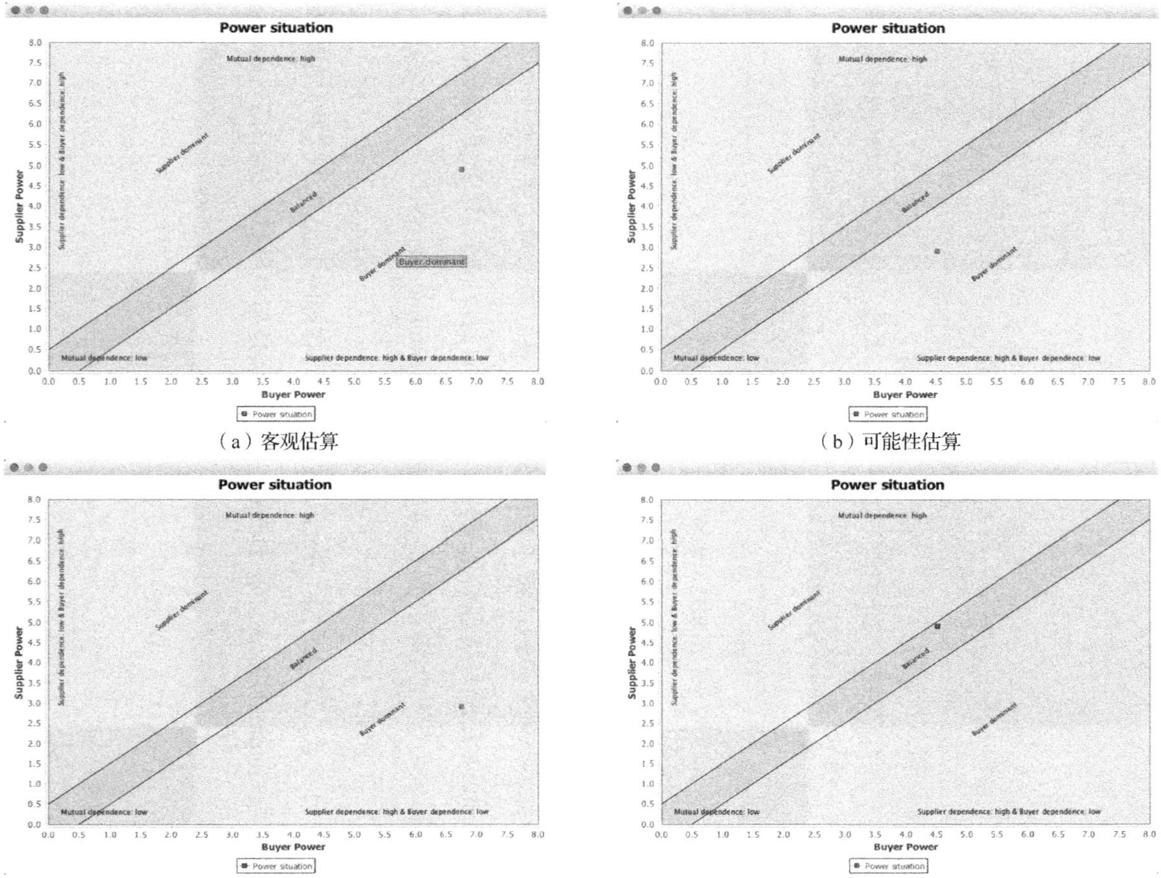

（a）客观估算

（b）可能性估算

（c）乐观估算

（d）悲观估算

图 8-19　Gamma 与 Alpha 影响力关系的四种估算结果

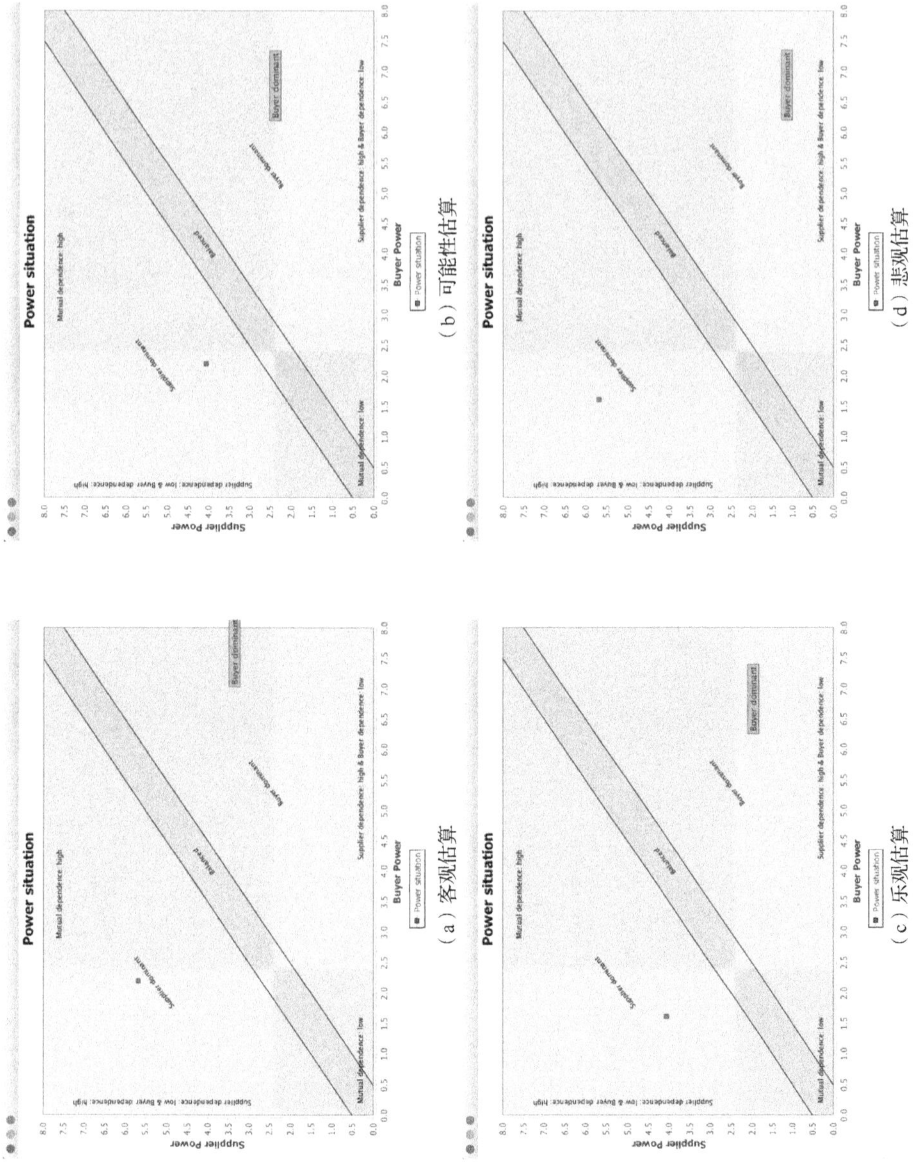

（a）客观估算

（b）可能性估算

（c）乐观估算

（d）悲观估算

图 8-20　Gamma 与 Beta 影响力关系的四种感知结果

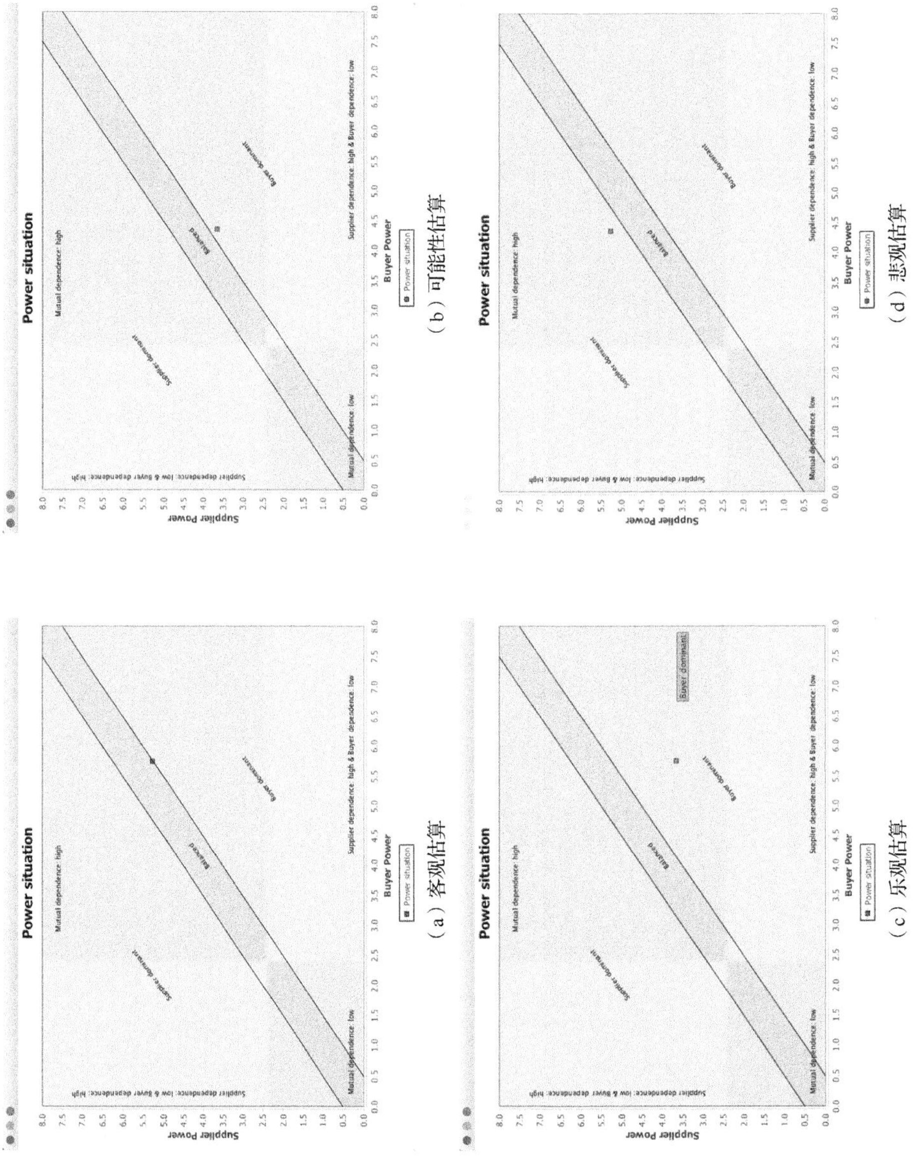

图 8-21　Gamma 与 Delta 影响力关系的四种感知结果

8.2.3 供应商合作适应性分析

分别根据绩效和影响力评估结果，Gamma 很难做出决定，因为绩效评估表明供应商 Beta 可以提供出色的绩效，其次是 Delta 和 Alpha。而影响力评估表明供应商 Alpha 被 Gamma 主导，较容易进行协商合作；Delta 和 Gamma 之间的影响力关系平衡；而 Beta 主导买方 Gamma，这意味着 Gamma 很难与 Beta 进行协商，而且无法保证在今后的合作中能够获得出色的绩效。

通过将绩效和影响力评估结果相结合进行相对定位分析，可以从 Alpha、Beta 和 Delta 中选择较为适合合作的供应商。如图 8-22 所示，Beta 处于“不适合型”

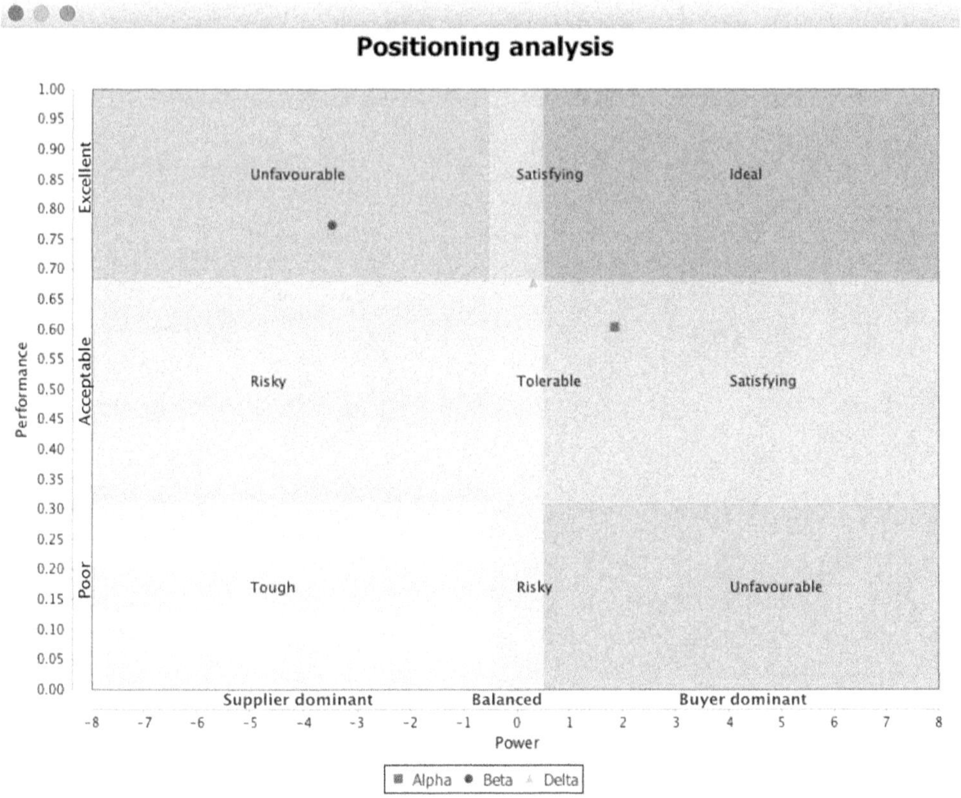

图 8-22　Alpha、Beta 与 Delta 的相对定位分析结果

位置，这表明其不是一个好的选择。Beta 可能会在合作中降低其绩效或要求更多利益。Alpha 处在“满意型”位置，这表明其是一个合适的选择。Alpha 的绩效处于可接受的水平，但由于 Gamma 占主导位置，其可以要求 Alpha 对其绩效进行提高。Delta 位于“容忍型”和“满意型”的边界，这表明其也是一个不错的选择。

总的来说，Alpha 比 Delta 更适合。然而，Alpha 是一家新成立的公司，其业绩可能会受到其能力的限制。在这种情况下，即使在影响力关系中 Gamma 主导 Alpha，Gamma 也可能无法获得更好的绩效。逆向分析（见 6.4.2 节）可以进一步帮助比较 Alpha 和 Delta 之间的绩效。如图 8-23 所示，两者重要标准的逆向分析表明，Delta 在“优势”象限中的表现比 Alpha 好得多。

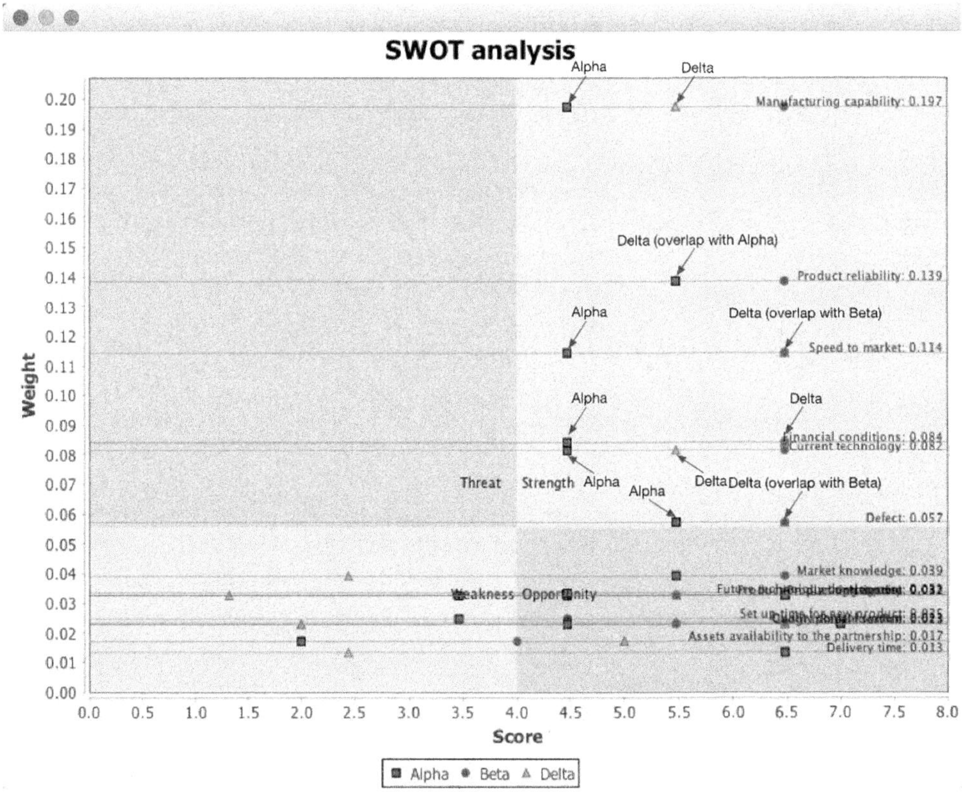

图 8-23　基于 SWOT 的逆向分析

由于 Gamma 正在寻找一个战略合作伙伴来开展新业务，因此供应商具备较高的能力非常重要。因此，Delta 更适合 Gamma。此外，Gamma 还可以考虑再开发 Delta，为其在当地投资制造设施，这将对双方都有利。然而，这种投资可能会增加转换成本，从而导致 Delta 的影响力增加。因此，影响力关系将朝着 Delta 占主导地位的方向发展，如图 8-24 中的垂直转化所示。这种转变可以通过增加 Delta 对 Gamma 的依赖来抵消，如 Delta 依赖 Gamma 来进入本地市场，以及依赖 Gamma 的购买量来获取利润。此外，保留 Alpha 作为备用供应商也可以增加 Gamma 对 Delta 的影响力，这将引起水平转化。

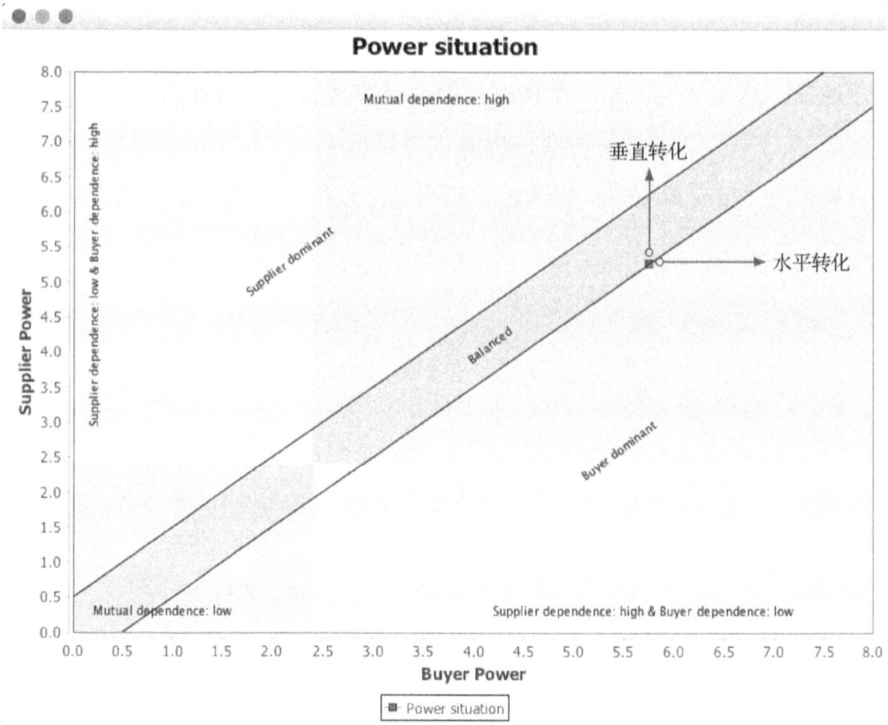

图 8-24　Gamma 与 Delta 之间的潜在影响力关系转化

8.3 本 章 小 结

PEPA 工具在示例中的应用展示了如何根据绩效和影响力关系选择合适的供应商。其降低了决策者的计算工作量，图形用户界面和图形结果可视化为分析提供了更好的图像。应用过程表明供应商选择是一个复杂的决策问题，本书所提出的方法有助于降低分析的复杂性。以示例中的问题为例，将绩效作为决策参考，绩效最好的 Beta 是最佳选择。然而在影响力关系中其比买方 Gamma 具有优势，这会将 Gamma 推向不利的情况。因此需要将绩效和影响力结合到一起考虑，然而当考虑到这两个方面时，它们之间还需要平衡，Alpha 和 Delta 是平衡结果的两个最佳选择。这也引发了另一个问题，即有时需要检查绩效和影响力的细节。在这种情况下，基于 SWOT 的逆向分析清楚地显示了哪些标准更为重要，以及针对这些重要标准 Alpha 和 Delta 的绩效。基于此可以得出最终结论，在本例中 Delta 更为适合。

第9章 研究贡献

本章作为全书内容的总结，从方法论、理论和实践三个方面阐述了本书研究内容对现有研究的贡献。

9.1 方法论贡献

本书提出了一种用以选择供应商的方法论，其结果指出供应商是否“适合”合作。这是本书的关键贡献。

贡献 1：相对定位分析方法论。

该贡献回答了研究问题 1：如何通过考虑影响力关系来加强供应商的选择方法。相对定位分析方法论聚合了两种评估的结果——供应商绩效和影响力关系，两者具有相关性且影响供应商的选择。6.1 节建立了两者的交互模型，分析并展示了影响力如何影响绩效，以及绩效如何间接地增加或降低影响力。进而 6.4.3 节建立了基于影响力的绩效调整模型。依据 de Boer 等（2001）的研究以及第 5 章的实例分析结果，6.2.1 节进一步总结了三类评估情景，即单一供应商、一组供应商及跨组供应商。基于 Chan（2003）和 Ghodsypour 等（1998）的约束标准分类，6.2.2 节提出了基于买方与供应商合作程度（基本关系、操作关系、战术关系和战略关系）的四层标准分类法，用以在评估时正确选用约束标准。通过采用提出的评估方法，6.2.3 节提出 SWOT 分析方法（优势、劣势、机会和威胁），其根据供应商的绩效和标准权重对供应商进行分析。然后，影响力关系分析方法根据一组决定因子评估影响力，并确定哪一方拥有影响力优势，买方还是供应商。6.3.1 节提出了一个影响力决定因子的识别模型，该模型从市场、业务和产品方面推导出决定因子。6.3.2 节提出三种类型的感知（客观、乐观和悲观），从供应商的角度来分析影响力关系。6.3.3 节通过比较供需双方的影响力，总结了三种影响力关系情景（供应商主导、买方主导和平衡）。最后根据绩效和影响力关系分析的结果，6.4.1 节提出六个场景（理想型、满意型、容忍型、不合适型、风险型和棘手型）来定位供应商。当不止一个供应商适合合作时，6.4.2 节建议进行逆向分析，以进一步确定绩效细节和影响力情况。

本书第二个方法论贡献为用以评估的决策方法。

贡献 2：基于模糊 AHP-TOPSIS 的决策方法。

该贡献回答了研究问题 2：如何在供应商评估方法中将定性、定量标准以及主观、客观数据集成。本书将三角模糊数、AHP 和 TOPSIS 相结合，建立了一个基于模糊 AHP-TOPSIS 的决策模型（见 6.2 节）。目前已有研究将三者进行结合，例如 Lima 等（2016）、Kannan 等（2013）和 Wang 等（2009a）。但这些研究仅采用主观判断进行评估，从而导致客观数据被放弃。本书提出的方法能够接受定性和定量约束标准以及主观和客观数据，同时允许多个决策者进行判断决策。此外，6.1 节还讨论并解决了将三者组合中的主要问题（即主观判断的表达、聚集三角模糊数、模糊数的去模糊性，以及检查模糊判断的一致性）。

9.2 理论贡献

本书为供应商选择理论的发展做出了贡献。文献综述讨论分析了约束标准的变化（2.2.1 节）、分类（2.2.2 节）和特性（2.2.3 节）；分析了现有的决策方法（2.3 节）。对影响力的主要研究（3.1 节和 3.2 节）、决定因子（3.3.1 节）和量化方法（3.3.2 节）的讨论表明影响力可以量化，这表明在供应商选择中将影响力评估涵盖的可能性。在文献分析的基础上，本书提出了面向计算机辅助决策的供应商选择方法论和评估方法，因此全书第三个关键贡献是绩效和影响力关系的评估。

贡献 3：绩效与影响力评估方法。

该贡献回答了研究问题 3：如何评估买方和供应商之间的影响力分配。绩效评估方法主要基于前文所提到的模糊 AHP-TOPSIS 决策方法（即贡献 2）。影响力评估方法计算供应商和买方的影响力值，并量化影响力关系（见 7.3.2 节）。与 Zolghadri 等（2011b）、Cox（2004, 2001）和 Cho 等（1994）的影响力量化方法相比，本书提出的分析方法能够根据系统的影响力决定因子来评估影响力。同时，为了能够从供应商的角度确定影响力关系，计算时（7.3.3 节）包含了供应商对影响力的三种感知（客观、乐观和悲观）。

9.3 实 践 贡 献

为了便于理论成果的应用，本书提出了适用于实现计算机辅助决策工具的系统框架，并开发了软件原型，这是本书第四个关键贡献。

贡献 4：适于供应商选择的系统框架和工具。

该贡献回答了研究问题 4：如何开发支持供应商评估与选择的软件工具。现有的计算机辅助决策工具可分为两类，一类为通用计算型，能够进行的数学计算功能众多，但是对使用者的数学背景及对工具的编程能力有较高要求，如 MATLAB 和 Excel。Pitchipoo 等（2012）、Kulshrestha 等（2007）和 Yang 等（2006）使用了 Excel 来进行 AHP 模型的计算。第二类为专用计算型，即实现了某一特定的决策方法，如 Labib（2011）、Chan 等（2010）和 Chan（2003）使用 Expert Choice 来计算 AHP 模型。本书提出了实现混合式方法的计算机辅助决策工具的系统框架，并实现了专适于供应商选择的工具原型（第 8 章）。通过应用研究结果和工具，其降低了决策者在选择“合适”供应商方面的计算复杂度，提高了决策者的效率。虽然它是一个原型，但该工具功能完整，适合在专家协助下使用。考虑到软件的可扩展性，学术研究团体或行业可以通过重用软件中提供的功能来修改和扩展工具。

附录A　英文缩写列表

表 A-1　英文缩写列表

英文缩写	英文全称	中文全称
AHP	analytic hierarchy process	层次分析法
AI	artificial intelligence	人工智能
ANP	analytic network process	网络分析法
BD	buyer dependence	买方依赖
BOM	bill of material	物料清单
BP	buyer power	买方影响力
CEO	chief executive officer	执行主管，首席执行官
DEA	data envelopment analysis	数据包分析法
DEMATEL	decision making trial and evaluation laboratory	决策实验分析法
DRM	design research methodology	设计研究方法论
ECM	electronic control module	电子控制模块
ELECTRE	ELimination Et Choix Traduisant la Realité	消去与选择转化法
FBBI	feature based business intelligence	基于特征的商业智能
FIS	fuzzy inference system	模糊推理系统
GA	genetic algorithm	遗传算法
GCI	generalised confidence intervals	广义信任区间
GP	goal programming	目标规划
GSND	global supply network division	全球供应网络部门
GTMA	graph theory and matrix approach	图论矩阵法
KPI	key performance indicator	关键绩效指标
JIT	just in ime	准时制生产
LP	linear programming	线性规划
MAUT	multi attribute utility theory	多属性效用理论
MCDM	multiple criteria decision making	多准则决策
MIP	mixed integer programming	混合整数规划
MOP	multi-objective programming	多目标规划

续表

英文缩写	英文全称	中文全称
MP	mathematical programming	数学规划
MULTIMORRA	multi-objective analysis by ratio analysis plus the full multiplicative form	多目标比率分析与全乘法
NIS	negative ideal solution	负理想方案
NPI	new product introduction	新产品引入
NSGA	non-dominated sorting genetic algorithm	非支配分类遗传算法
OEM	original equipment manufacturer	原始设备制造商
OWA	ordered weighted average	有序加权平均
PEPA	performance evaluation and power analysis	绩效评估与影响力分析
PIS	positive ideal solution	正理想方案
PROMETHEE	preference ranking organization method for enrichment of evaluations	加强评价的偏好排序组织法
PSO	particle swarm optimization	粒子群算法
QFD	quality function deployment	质量功能展开
RST	rough set theory	粗糙集理论
TFN	triangular fuzzy number	三角模糊数
TOPSIS	technique for order of preference by similarity to ideal solution	逼近理想解的偏好排序法
SAW	simple additive weighting method	简单加权法
SD	supplier dependence	供应商依赖
SMART	simple multi-attribute rating technique	简单多属性排序方法
SME	small and medium-sized enterprise	中小型企业
SP	supplier power	供应商影响力
SPEA	strength Pareto evolutionary algorithm	加强帕累托进化算法
STEEP	social, technological,economic, environmental and political	社会、科技、经济、环境与政治
SWOT	strength,weakness,opportunity and threat	优势、弱势、机会与威胁
TQM	total quality management	全面质量管理
VIKOR	vlse kriterijumska optimizacija I kompromisno resenje	输入标准折中评估
VMI	vendor managed inventory	供应商管理库存
WPM	weighted product method	加权积法

附录 B　供应商评估与选择文献分类

B1 单一方法：多标准决策方法、数学规划方法、人工智能方法、基于理论的方法和其他单一方法。

B1.1 多标准决策方法：成对比较法、排位法、折中法和其他方法。

B1.1.1 成对比较法（表 B-1）：AHP（12 篇），ANP（4 篇）。

表 B-1　成对比较法

文献	方法	主要贡献
Handfield 等（2002）	AHP	针对供应商选择问题使用 AHP，通过三个案例来说明采用 AHP 的好处和缺点
Chan（2003）	AHP	采用交互链方法解决在确定选择因素重要性时的主观判断；提出供应商选择的交互选择模型，确定买方-供应商关系和标准；最后采用 AHP 进行评估
Chan 等（2004）	AHP	通过案例分析，阐述了采用 AHP 和质量管理系统原理来解决供应商选择问题的新模型
Kulshrestha 等（2007）	AHP	提出了基于决策矩阵的 AHP 进行供应商评估和选择，并采用均值聚合法对专家的评价值进行了汇总
Athawale 等（2009）	SAW、WPM、AHP、TOPSIS、GTMA	采用了五种多标准决策方法来分别评估供应商：SAW、WPM、AHP、TOPSIS、GTMA
Chan 等（2010）	AHP	利用 AHP 解决供应商选择问题，借助商业软件包 expert choice 实现系统
Kabir 等（2010）	AHP	针对供应商选择的具体应用，开发了一个智能代理系统，该系统使用 Web 本体语言对收集到的供应商信息的语义内容进行处理，并使用 AHP 进行决策
Zolghadri 等（2011a）	AHP	提出了一种新的评价供应商影响力的方法，利用 AHP 确定供应商的偏好，并将评价结果与基于绩效的评价结果进行比较
Jeon 等（2011）	AHP	采用扩展技术路线（extend technology roadmap）来考虑半导体制造公司的供应商选择，然后采用 AHP 来对供应商评估
Labib（2011）	模糊逻辑、AHP	比较模糊逻辑法和 AHP 在供应商选择上的差异，为供应商排序提供单一的度量单位，并了解不同供应商之间的度量差异
Wu 等（2013b）	AHP	提出基于 Kraljic 的矩阵因子分析方法来评估供应商的技术创新能力和供应商在保护客户知识产权方面的做法；通过对 216 个供应商和 36 家中国制造公司的实证研究，验证该方法的有效性
Dai 等（2012）	AHP	考虑企业利益相关者的业务目标和要求对供应商评估标准的影响，提出了一种结合 AHP 和 QFD 的综合方法
Bayazit（2006）	ANP	采用 ANP 来对供应商进行评估
Sarkis 等(2002)	ANP	在评估过程中，考虑战略、操作、确定的和不确定的衡量，提出了一种战略供应商选择的 ANP 模型

续表

文献	方法	主要贡献
Sadeghi 等（2012）	ANP	使用 ANP 在群组决策中选择供应商
Agarwal 等（2013）	ANP	采用软件“Super Decisions”实现 ANP 模型，来选择跨国食品公司的供应商，同时考虑到确定和不确定的标准

B1.1.2 排位法（表 B-2）：ELECTRE（2 篇），PROMETHEE（1 篇）。

表 B-2 排位法

文献	方法	主要贡献
de Boer 等（1998）	ELECTRE I	概述现有的供应商选择方法；熟悉在采购决策中使用 ELECTRE I，并展示了其作为排位法适合作为决策工具
Liu 等（2011a）	ELECTRE Ⅲ	提出了一种改进的 ELECTRE Ⅲ 方法来进行供应商选择
Dulmin 等（2003）	PROMETHEE /GAIA	分析 PROMETHEE/GAIA 如何解决供应商选择问题

B1.1.3 折中法（表 B-3）：TOPSIS（1 篇），VIKOR（无）。

表 B-3 折中法

文献	方法	主要贡献
Athawale 等（2009）	SAW、WPM、AHP、TOPSIS、GTMA	采用了五种多标准决策方法来分别评估供应商

B1.1.4 其他方法（表 B-4）：MAUT（2 篇）。

表 B-4 其他方法

文献	方法	主要贡献
Fekete 等（2010）	MAUT	展示了一种多标准决策模型 MAUT 用来选择软件外包供应商
Huang 等（2007）	MAUT	提出了绩效矩阵模型，以确保有效地使用诸如 AHP 和 MAUT 等决策方法

B1.2 数学规划方法（表 B-5）：MIP（9 篇），GP（4 篇），DEA（6 篇），LP（4 篇），MOP（2 篇）。

表 B-5　数学规划方法

文献	方法	主要贡献
Chaudhry（1993）	MIP	提出一个线性混合二元整数规划模型，用于供应商绩效评估
Stadtler（2007）	MIP	提出了一个 MIP 模型用来在供应商选择时计算数量折扣
Basne 等（2009）	MIP，多种群遗传算法	提出了以质量和交货绩效为约束条件的成本最小化和供应商数量最小化的 MIP 模型；提出了一种群体遗传算法来生成问题的帕累托最优解；比较了这两种方法的性能
Talluri 等（2010）	MIP	提出了一种基于 MIP 模型的合同选择方法，包括长期合同、中期合同和短期合同
Mak 等（2011）	MIP	提出了一个基于 MIP 模型的新数学模型，通过确定生产数量和选择最合适的供应商来最大化制造商的综合评估；使用约束规划和模拟退火的混合算法来解决这个复杂的 NP 问题
Zhang 等（2013）	MIP	采用 MIP 模型解决供应商选择和订单量分配问题
Ghodsypour 等（2001）	MIP	提出了一个考虑物流总成本的混合整数非线性规划模型来解决供应商选择问题，其中物流总成本包括净价、仓储、运输和订购成本
Ekici（2013）	MIP	修改了 Ghodsypour 等（2001）的模型；提出了混合整数非线性规划模型；比较了两种模型的结果，得出新模型比 Ghodsypour 等（2001）提出的模型更容易求解的结论
Benyoucef 等（2013）	MIP	提出一种基于拉格朗日松弛的非线性混合整数规划方法，解决供应链设计中的设施选址/供应商选择和设施选址/供应商可靠性问题
Ravindran 等（2010）	GP	开发基于多准则优化方法的供应商选择模型，并考虑了风险；使用四个 GP 变量解决供应商选择问题
Chang 等（2014）	GP	针对供应商选择问题，提出了一种考虑不完全质量折扣和价格数量折扣的多选择目标规划与多分段目标规划相结合的模型
Choudhary 等（2014）	GP	提出了一种多目标整数线性规划模型来求解供应商选择问题；采用三种不同的 GP 变量来求解多目标优化问题
Jadidi 等（2014）	范式 GP	将供应商选择问题建模为一个模糊多目标优化问题；采用了一个规范化的 GP 来解决该模糊问题；将该方法与加权目标规划、折中规划 TOPSIS、加权目标、最小-最大目标规划和加权最大-最小模型进行比较
Wu 等（2009）	DEA	提出一种基于 DEA 扩展的供应商评估与选择方法
Farzipoor（2010）	DEA	针对供应商选择提出一种 DEA，同时考虑不期望的输出和不精确的数据
Kim 等（2012）	DEA	从产品配置的角度解决供应商选择问题；考虑买方与供应商的关系；引入供应商配置图
Talluri 等（2013）	DEA	提出了一种新的基于 DEA 交叉效率分析的供应商绩效差异度量方法
Kumar 等（2014）	DEA	提出了一种基于 DEA 的碳足迹监测方法，该方法是建立在权重限制和供应商选择问题的双重角色因素的基础上
Ma 等（2014）	DEA	提出一种基于 DEA 的博弈交叉方法来评估供应商绩效，同时考虑供应商之间的竞争
Ng（2008）	加权 LP	提出一个多准则供应商选择问题的 LP 模型
Herbon 等（2012）	LP	提出基于动态业务环境中定性和定量描述的方法；为决策者开发方法的可视化表示
Qian（2014）	LP	提出了一种基于价格、保证交货期、服务水平、质量等约束的线性函数模型，用以利润最大化的供应商选择方法

续表

文献	方法	主要贡献
Ruiz-Torres 等（2013）	LP	利用决策树方法，在决策过程中考虑供应商失败和应急计划
Narasimhan 等（2006）	MOP	提出了在评估和选择供应商时考虑产品生命周期的数学模型
Karande 等（2012）	基于比值分析的 MOP	应用基于比值分析的 MOP 模型解决两个实时供应商选择问题。其在结论中提到，该方法不受标准权重和所采用的规范化过程的影响

B1.3 人工智能方法（表 B-6）：GA（5 篇），PSO（1 篇）。

表 B-6　人工智能方法

文献	方法	主要贡献
Ding 等（2005）	GA	提出了仿真优化方法，其由 GA 优化器、离散事件仿真器和供应链建模框架组成；GA 为选定的供应商提供可能的配置，并对关键绩效指标的每个配置进行评估；给出了仿真器的实现过程
Basne 等（2009）	MIP，多种群 GA	提出了以质量和交货绩效为约束条件的成本最小化和供应商数量最小化的 MIP 模型；提出了一种群体遗传算法来生成问题的帕累托最优解；比较了这两种方法的性能
Che（2010）	引导帕累托 GA	提出了一个基于引导帕累托 GA 的多阶段供应商评价模型
Naimi 等（2013）	GA	提出一种改进的遗传算法来得到帕累托最优解；将供应商选择问题与生产决策和分销商选址问题相结合
Deng 等（2014a）	GA（NSGA Ⅱ）	集成产品线设计和供应商选择；将集成问题建模为多目标优化问题；使用 NSGA Ⅱ 获得问题解
Che 等（2010）	PSO	提出了绿色供应商选择的两阶段模型：首先依据电子电气设备欧盟指令要求将绿色指数为负的供应商从可选供应商集合中删除；然后使用 PSO 通过最小化总成本来选择供应商；开发决策支持系统

B1.4 基于理论的方法（表 B-7）：模糊集合理论（14 篇），灰度理论（2 篇）。

表 B-7　基于理论的方法

文献	方法	主要贡献
Bevilacqua 等（2006）	模糊集合理论	对供应商选择过程提出模糊质量函数开发方法；采用模糊数实现整个过程，并采用模糊适宜性指标进行最终排序
Humphreys 等（2006）	模糊集合理论	开发一个模糊系统，在供应商选择过程中评估供应商的环境绩效；在现有的供应商选择过程中引入环境标准
Shu 等（2009）	模糊集合理论	为了处理模糊数据，利用模糊集理论中广泛应用的分辨率同一性定理来构造隶属度函数；扩展了 Yuan（1991）的模糊排序方法来选择供应商
Ordoobadi（2009）	模糊集合理论	分析决策者对标准的偏好，以及针对这些标准的供应商绩效判断；提出一种基于模糊逻辑的方法论来评估供应商，能够处理主观判断

续表

文献	方法	主要贡献
Guneri 等（2009）	模糊集合理论	介绍选择标准和选择方法；提出基于模糊逻辑的评估方法，用以计算备选方案模糊适用性指标并根据该指标进行排序，选出最佳方案
Hsu 等（2010）	模糊集合理论	应用模糊集合理论的分辨率识别结果对供应商进行评价和选择，该方法是基于模糊质量数据的评价方法
Labib（2011）	模糊逻辑，AHP	比较模糊逻辑法和 AHP 在供应商选择上的差异，为供应商排序提供单一的度量单位，并了解不同供应商之间的度量差异
Amindoust 等（2012）	模糊集合理论（模糊推理系统）	提出基于模糊推理系统的供应商选择问题排序方法，确定了可持续供应商选择的标准和子标准
Li 等（2012a）	模糊集合理论	提出指标体系和数据集成方法；提出第三方物流合作伙伴的模糊评价方法
Shen 等（2012）	模糊集合理论	提出一种考虑战略因素、经营因素和供应商整合范围的模糊综合评价方法
Lima 等（2013）	模糊集合理论（模糊推理）	提出一种将模糊推理与简单模糊网格法相结合的供应商排序方法
Liao 等（2013）	模糊集合理论（模糊推理）	开发一种基于模糊推理的供应商评价与选择方法，并考虑过程能力指数 C_{pk}
García 等（2013）	模糊决策系统	开发了模糊决策支持系统，解决供应商选择问题，实现新供应商和历史供应商的联合评估和比较
Wang 等（2013）	模糊聚集算子	开发了两种新的直觉模糊聚集算子：依赖型直觉模糊有序加权平均和依赖型直觉模糊混合加权聚集；提出了一种基于依赖型直觉模糊混合加权聚集的多属性决策方法
Li 等（2007）	灰度理论	提出一种基于灰度理论的方法来处理供应商选择问题：用灰数表示语言变量用以权重和评价分析；用灰可能性度来确定排序顺序
Athawale 等（2011）	灰度理论	采用灰度关联分析来选择最合适的供应商

B1.5 其他单一方法（表 B-8）：基于价格或成本的方法（2 篇），基于 CpkMPZone 图表的方法（1 篇），转换型期权理论（1 篇），失败模式与效应分析（1 篇），商数测试统计（1 篇），定量检验统计（1 篇）。

表 B-8　其他单一方法

文献	方法	主要贡献
Barua 等（1997）	基于成本的方法	提出最大化收益的分析模型（在评估时标准转化为成本）；评估顺序评价和投标系统（两种选择策略）对选择供应商的适用性；在使用招投标策略时，开发了一个最小公告机制以提高效率
Hu 等（2012）	基于价格的方法	为单一供应商的柔性合同建立采购策略模型；扩展了多供应商模型并考虑风险
Linn 等（2006）	基于 CpkMPZone 图表的方法	该方法采用能力指数和价格比较图，并结合过程能力和价格信息
Wu（2009）	转换型期权理论	采用 Margrabe（1978）的转换型期权理论来评估可选方案；从经济角度分析供应商，并考虑不确定性
Welborn（2010）	失败模式与效应分析	应用失败模式与效应分析来评估供应商并考虑风险因素

续表

文献	方法	主要贡献
Pearn 等（2013）	商数测试统计	采用 S_{pk}^{m} 指数，基于供应商选择问题的商数测试统计，提出了一个两阶段选择过程
Wu 等（2013a）	定量检验统计	提出四种基于质量和过程的供应商选择方法，即正态近似、基于正态近似的差分检验统计量、基于 GCI 的能力比、基于 GCI 的能力差；对四种方法的结果进行了比较，并根据测试样本大小和选择指数的仿真结果，提出了选择高效方法的建议

B2 模糊单一方法：模糊多标准决策方法、模糊数学规划方法、模糊人工智能方法。

B2.1 模糊多标准决策方法（表 B-9）：模糊 AHP（13 篇），模糊 ANP（4 篇），模糊 ELECTRE（2 篇），模糊 TOPSIS（6 篇），模糊 VIKOR（1 篇），模糊 SMART（1 篇），模糊 DEMATEL（1 篇），模糊 MULTIMORRA（1 篇）。

表 B-9 模糊多标准决策方法

文献	方法	主要贡献
Kahraman 等（2003）	模糊 AHP	采用模糊 AHP 选择最优供应商
Noorul 等（2006b）	模糊 AHP	运用模糊 AHP 对供应商进行评价，并利用实证研究的数据建立模型
Chan 等（2007）	模糊 AHP	讨论了一些重要的评估标准，开发了一种基于模糊扩展 AHP 的评价方法，该模型可用于组织战略的选择和部署
Chan 等（2008）	模糊 AHP	运用模糊 AHP 对供应商选择中的定量和定性决策因素进行评价
Lee（2009）	模糊 AHP	建立模糊 AHP 模型，综合考虑供应商的利益、机会、成本和风险，对供应商的多个方面进行评估
Chamodrakas 等（2010）	模糊 AHP	提出了一种两阶段的方法：采用满意度法来减少供应商的初始集合；然后采用改进的模糊偏好规划方法对供应商进行排序
Yücenur 等（2011）	模糊 AHP、模糊 ANP	运用模糊 AHP 和模糊 ANP 对供应商进行评估，比较了两种方法的评估结果
Costantino 等（2011）	模糊 AHP	运用模糊 AHP 解决公共采购部门供应商选择决策问题
Chen 等（2012）	模糊 AHP	采用 AHP 和一致性模糊偏好关系解决供应商选择问题；一致性模糊偏好关系来表达成对比较的偏好，AHP 用来计算权重
Alinezad 等（2013）	模糊 AHP	将模糊 AHP 和 QFD 结合用以供应商评估和排序
Mızrak 等（2014）	模糊 AHP	提出了一种模糊 AHP 选择供应商：根据公司的目标确定标准，在模糊基础上进行成对比较，然后用模糊方法对备选方案进行比较
Gholipour 等（2014）	模糊 AHP	采用模糊层 AHP 解决承包商选择问题

续表

文献	方法	主要贡献
Lima 等（2014）	模糊 AHP、模糊 TOPSIS	从以下几个方面比较了模糊 AHP 和模糊 TOPSIS 两种方法：方案或准则变化的充分性、决策过程的敏捷性、计算的复杂性、支持群体决策的充分性、备选供应商和准则的数量、不确定性的建模；得出模糊 TOPSIS 在备选方案或标准的变更、灵活性和备选供应商和标准的数量方面表现得更好
Vinodh 等（2011）	模糊 ANP	在供应商选择过程中应用 ANP；建立了一个包含各种标准和子标准的概念模型；通过问卷调查验证方法的应用
Kang 等（2012）	模糊 ANP	提出了一种模糊 ANP 模型来评价供应商，该模型考虑了网络中因素的反馈和相互依赖性以及不确定性
Pang 等（2013）	模糊 ANP	提出了模糊综合评价和模糊 ANP 相结合的方法来评估和选择最适合的供应商
Sevkli（2010）	模糊 ELECTRE	提出了一种模糊 ELECTRE 对供应商进行评估，以处理不精确的语言数据；比较了 ELECTRE 和模糊 ELECTRE 的结果
Sepehriar 等(2013）	模糊 ELECTRE	针对多采购条件的供应商选择问题，提出了一种新的模糊 ELECTRE 选择方法
Chen 等（2006）	模糊集合理论、TOPSIS	针对供应商选择问题，提出了一种基于模糊集理论的层次化多标准决策模型，根据 TOPSIS 的概念定义一个贴近度系数来确定排序
Boran 等（2009）	TOPSIS、直觉模糊集	提出了一种结合直觉模糊集的 TOPSIS，在群体决策环境中选择合适的供应商；利用直觉模糊加权平均算子，对评价标准和备选方案重要性的判断进行聚合
Sridhor 等（2010）	模糊 TOPSIS	分析网络化制造业的供应商选择标准，并采用层次模糊 TOPSIS 对供应商进行排序
Mehralian 等（2012）	模糊 TOPSIS	确定制药行业供应链中的风险因素，利用模糊 TOPSIS 对供应商选择问题进行因子分析和量化
Wu 等（2013c）	模糊 TOPSIS	利用一种改进的模糊 TOPSIS，通过识别定量和定性属性及其权重，解决供应商选择问题
Shemshadi 等（2011）	模糊 VIKOR	提出了一种基于 Shannon 熵概念的模糊 VIKOR 方法
Chou 等（2008）	模糊 SMART	采用模糊 SMART 来评估供应商，可以处理定性/定量约束标准
Chang 等（2011）	模糊 DEMATEL	设计了模糊 DEMATEL 模型来量化供应商绩效并找出关键影响因子
Baležentis 等（2011）	模糊 MULTIMOORA	采用 2 元组语言表达来扩展 MULTIMOORA 方法用以选择供应商，能够处理清晰和模糊数据

B2.2 模糊数学规划方法（表 B-10）：模糊 GP（1 篇），模糊 LP（6 篇），模糊 DEA（1 篇）。

表 B-10　模糊数学规划方法

文献	方法	主要贡献
Kumar 等（2004）	模糊 GP	在考虑买方需求、卖方能力、卖方定额灵活性等因素的基础上，将供应商选择问题建立为模糊混合整数目标规划模型
Amid 等（2006）	模糊多目标 LP	考虑信息的模糊性，建立了供应商选择问题的模糊多目标线性模型

续表

文献	方法	主要贡献
Yücel 等（2011）	模糊多目标 LP	运用模糊逻辑处理语言表达和因子权重评估；建立模糊多目标线性模型进行供应商选择与订单量分配
Dursun 等（2013）	模糊 LP	开发了一种利用 QFD 的模糊多标准群体决策方法；利用模糊加权平均法计算标准权重和供应商评级的界限；利用模糊数排序法对供应商进行排序
Amid 等（2009）	模糊加权法与混合整数 LP	建立一个模糊多目标模型，在考虑不精确信息的同时可以基于价格区间确定订单数量；开发一个模糊加权法和混合整数线性规划模型
Arikan（2013）	模糊多目标 LP	建立模糊多目标线性规划模型，解决多供应商选择问题
Aghai 等（2014）	模糊多目标 LP	提出了一种考虑定量、定性和风险因素的模糊多目标规划模型来选择供应商
Ahmady 等（2013）	模糊 DEA	提出了一种新的模糊 DEA，在不需要施加任何权重限制或计算交叉效率矩阵的情况下，可以识别最佳供应商

B2.3 模糊人工智能方法（表 B-11）：模糊自适应共振理论（1 篇），局部线性神经模糊法（1 篇），模糊贝叶斯（1 篇）。

表 B-11　模糊人工智能方法

文献	方法	主要贡献
Aydın 等（2010）	模糊自适应共振理论	提出了一种基于模糊自适应共振理论的供应商选择方法，并根据其相似性对供应商进行聚类
Vahdani 等（2012）	局部线性神经模糊法	引入局部线性神经模糊法对供应商的绩效评级进行预测；将其与多层感知器神经网络、径向基函数神经网络和最小二乘支持向量机三种智能方法进行比较
Ferreira 等（2012）	模糊贝叶斯	提出了一种基于影响图和模糊逻辑相结合的供应商排序及评价模型；将该模型嵌入信息系统中，以帮助管理者分析供应商的优缺点，确定冲突标准的优先顺序以及最佳的行动方案

B2.4 其他模糊单一方法（表 B-12）：基于模糊关联规则挖掘的方法（1 篇）。

表 B-12　其他模糊单一方法

文献	方法	主要贡献
Jain 等（2007）	基于模糊关联规则挖掘的方法	开发一种基于模糊关联规则挖掘的方法，通过提高决策的灵活性来支持决策者评估供应商

B3 混合方法：混合 AHP 和混合模糊 AHP，混合 ANP 和混合模糊 ANP，混合 TOPSIS 和混合模糊 TOPSIS，混合数学规划，基于混合理论的方法。

B3.1 混合 AHP 和混合模糊 AHP（表 B-13）：AHP&LP（3 篇），AHP&灰度关系分析（3 篇），DEA&AHP（7 篇），AHP&粗糙集合论&多目标混合整数规

划（1 篇），DEA&总拥有成本模型&AHP（1 篇），AHP&绩效价值分析（1 篇），AHP&DEA&神经网络（1 篇），AHP&TOPSIS（2 篇），结构方程建模& AHP（1 篇），GP&AHP（1 篇），AHP&DEA&LP（1 篇），DEA&AHP&活动成本计算模型（1 篇），AHP&失败模式与效应分析（1 篇），D-AHP&模糊逻辑（1 篇），AHP&可靠性矩阵&GA（1 篇），模糊 AHP&Max-min 方法（1 篇），模糊 AHP&ELECTRE（1 篇），模糊 AHP&模糊 TOPSIS（3 篇），公理模糊集合&模糊 AHP&TOPSIS（1 篇），模糊 AHP&基于公理化设计的模糊群体决策（1 篇），模糊 AHP&模糊 TOPSIS&LP（1 篇），模糊 Kano&模糊 AHP&模糊 TOPSIS（1 篇），模糊 AHP&GA（1 篇），模糊 AHP&灰度关系分析（1 篇）。

表 B-13　混合 AHP 和混合模糊 AHP

文献	方法	主要贡献
Ghodsypour 等（1998）	AHP&LP	提出了一种将 AHP 与 LP 相结合的方法，进行供应商选择和订单分配，同时考虑确定性和不确定性因素
Raut 等（2010）	AHP&LP	使用 AHP 进行定性评价，采用数学线性规划方法，对选择后的供应商进行订单数分配
Ting 等（2008）	AHP&LP	提出了将 AHP 与多目标线性规划相结合的综合方法：利用 AHP 处理供应商选择问题；利用多目标线性规划模型进行订单分配
Yang 等（2006）	AHP&灰度关系分析	提出了将 AHP 和灰度关系分析相结合的供应商选择集成模型；并在 Excel 中实现了 AHP 和 GRA 模型
Gnanasekaran 等（2008）	AHP&灰度关系分析	开发了基于 AHP 和灰度关系分析相结合的供应商选择决策支持系统；采用加权归一化方法计算优先级向量；通过实例验证了所提出方法的有效性
Pitchipoo 等（2012）	AHP&灰度关系分析	提出了一个混合模型，包括三个阶段：第一阶段通过基于互信息的特征选择，选择最有影响的标准；第二阶段通过 AHP 确定标准权重；第三阶段使用灰度关系分析确定最佳供应商
Liu 等（2005）	DEA&AHP	提出了一种将 DEA 和 AHP 相结合的混合方法，采用一种新的加权方法来代替传统 AHP 在供应商选择中的成对比较
Hadi-Vencheh（2011）	DEA&AHP	提出一种新的加权非线性模型来解决供应商选择问题，将多个准则结合起来，并保持权重的影响
Ramanathan（2006）	DEA&AHP	采用 DEA 生成备选方案的权重，AHP 对备选方案进行排序
Sevkli 等（2007）	DEA&AHP	通过结合 DEA 和 AHP 来评估供应商并应用到土耳其的一家公司；与传统 AHP 相比，所提出的方法性能更好
Wang 等（2009b）	DEA&AHP	重新审视了 Sevkli 等（2007）提出的方法和案例，证明了 Sevkli 等（2007）提出方法在选择供应商方面优于 AHP 的结论的无效性
Hadi-Vencheh 等（2011）	DEA&AHP	提出了将投票 AHP 与 DEA 相结合的混合方法来评估供应商，该方法扩展了 Liu 等（2005）提出的模型
Raut（2011）	DEA&AHP	采用 AHP-DEA 混合 AHP 对供应商的环境绩效进行评估：AHP 计算权重，采用 DEA 排序

续表

文献	方法	主要贡献
Xia 等（2007）	AHP&粗糙集合论&多目标混合整数规划	提出了 AHP、粗糙集理论和多目标混合整数规划相结合的供应商选择和订单分配的综合方法
Ramanathan（2007）	DEA&总拥有成本模型&AHP	提出了 DEA、总拥有成本模型和 AHP 相结合的方法来选择合适的供应商
Routroy（2008）	AHP&绩效价值分析	使用 AHP-绩效价值分析综合方法来分析选择标准；提出一个框架来确定重要的分组和绩效标准
Ha 等（2008）	AHP&DEA&神经网络	提出了 AHP、DEA 和神经网络相结合的方法：用 AHP 进行定性数据评估；用 DEA 和神经网络量化绩效效率
Fazlollahtabar 等（2010）	AHP&TOPSIS	将 AHP 与 TOPSIS 相结合进行供应商选择：利用 AHP 计算优先级，TOPSIS 对供应商进行排序
Vijayvagy（2012）	AHP&TOPSIS	将 AHP 与 TOPSIS 相结合进行供应商选择；比较 AHP 和 TOPSIS 的结果
Lorentz 等（2012）	结构方程建模&AHP	利用结构方程建模和 AHP 建立了供应商选择模型；通过聚类分析找到了属性权重，并进一步分析了供应商在影响因素上的优缺点
Khorramshahgol（2012）	GP&AHP	提出了基于 GP 和 AHP 的混合方法来评估、筛选和选择最佳供应商，并确定从选定供应商处的采购量
Falsini 等（2012）	AHP&DEA&LP	提出了一种结合 AHP、DEA 和线性规划法对第三方物流服务商进行评估的混合数学方法
Zhang 等（2012）	DEA&AHP&活动成本计算模型	提出了一种结合 AHP、DEA 和活动成本计算模型对供应商进行评估的方法
Chen 等（2013）	AHP&失败模式与效应分析	在考虑风险的情况下，提出基于失败模式与效应分析的方法进行选择新供应商；应用 AHP 确定标准的权重
Deng 等（2014b）	D numbers-AHP（D-AHP）&模糊逻辑	提出了将 D 数与 AHP 结合的一种 D-AHP 用来选择供应商；采用模糊偏好关系来构造成对比较的决策矩阵
Cao 等（2014）	AHP&可靠性矩阵&GA（NSGA Ⅱ）	运用 AHP 和可靠性矩阵对供应商的供应风险进行评价；采用 NSGA Ⅱ 求解所建立的优化模型
Şen 等（2010）	模糊 AHP&Max-min 方法	提出了一种将模糊 AHP、Max-min 方法相结合的方法来确定标准的权重，并计算供应商的最大化/最小化绩效，然后采用非参数统计检验对供应商进行分类
Ertay 等（2011）	模糊 AHP & ELECTRE Ⅲ	运用 AHP 对已建立的决策标准进行权重计算，ELECTRE Ⅲ对供应商绩效进行评估、排序和分类
Wang 等（2009a）	模糊 AHP&模糊 TOPSIS	提出了一种适用于评价模糊性和不确定性的供应商选择的模糊层次化 TOPSIS 模型，并提供了更客观和准确的标准权重
Zouggari 等（2012）	模糊 AHP&模糊 TOPSIS	通过绩效策略、服务质量、创新和风险四个类别，使用模型 AHP 进行供应商选择；然后将采用基于模糊 TOPSIS 的仿真进行订单分配
Viswanadham 等（2013）	模糊 AHP&模糊 TOPSIS	提出一种采用模糊 AHP 和模糊 TOPSIS 的两步方法，在考虑弹性供应链设计风险的情况下，对供应商进行选择和排序
Li 等（2012b）	公理模糊集合&模糊 AHP&TOPSIS	采用公理模糊集合和模糊 AHP 对供应商进行分类和评估，确定标准权重；采用 TOPSIS 选择最终供应商
Büyüközkan 等（2012）	模糊 AHP&基于公理化设计的模糊群体决策	采用模糊 AHP 确定标准权重；采用基于公理化设计的模糊群体决策来对绿色供应商排序
Kannan 等（2013）	模糊 AHP&模糊 TOPSIS&LP	采用模糊 AHP 和模糊 TOPSIS 来分析标准的重要性，以及确定最优绿色供应商；使用多目标线性规划模型来建模各种约束条件，如质量控制和能力

续表

文献	方法	主要贡献
Ghorbani 等（2013）	模糊 Kano&模糊 AHP&模糊 TOPSIS	提出了一种供应商选择的三阶段方法：使用模糊 Kano 问卷和模糊 AHP 计算标准的权重；使用模糊 TOPSIS 筛选出有能力的供应商，并在第二阶段和第三阶段对供应商进行排名
Noorul 等（2006a）	模糊 AHP &GA	利用模糊 AHP 进行供应商选择，并利用遗传算法建立多级分销库存模型
Pitchipoo 等（2013）	模糊 AHP&灰度关系分析	提出了一种将模糊 AHP 和灰度关系分析相结合的混合决策模型，解决了供应商选择问题：用模糊 AHP 计算标准权重，用灰度关系分析对供应商进行排序

B3.2 混合 ANP 和混合模糊 ANP（表 B-14）：ANP&LP（1 篇），ANP&DEA（1 篇），ANP&DEMATEL&VIKOR（1 篇），ANP&非线性规划（1 篇），模糊 ANP&非线性规划（1 篇），模糊 ANP&模糊 TOPSIS（2 篇），模糊 DEMATEL&模糊 ANP&模糊 TOPSIS（1 篇），模糊 ANP&模糊 LP（1 篇），模糊 ANP&GP& De Novo 规划（1 篇）。

表 B-14　混合 ANP 和混合模糊 ANP

文献	方法	主要贡献
Demirtas 等（2008）	ANP&LP	提出了一种 ANP 和多目标混合整数线性规划的综合方法，考虑了供应商选择和购买数量分析中的确定的因素和不确定的因素
Kuo 等（2012）	ANP&DEA	在考虑环境因素下，整合 ANP 和 DEA 解决供应商选择问题
Liou 等（2014）	ANP & DEMATEL & VIKOR	提出了一个模糊模型来解决供应商评估标准之间的相互依赖性；采用将 ANP、DEMATEL 和 VIKOR 来构建标准与权重之间的关系结构并对供应商绩效进行分析
Razmi 等（2010）	ANP&非线性规划	采用 ANP 模型来评估定性属性下的供应商绩效；提出一个混合整数非线性模型将订单数量分配给选定的供应商
Razmi 等（2009）	模糊 ANP&非线性规划	提出了一个基于模糊 ANP 的模型来评估和选择供应商；用非线性规划模型对模型进行扩充来从模糊比较矩阵中提取特征向量
Önüt 等（2009）	模糊 ANP&模糊 TOPSIS	采用基于模糊 ANP 和模糊 TOPSIS 的供应商评估方法；在对比矩阵中使用三角模糊数
Jajimoggala 等（2011）	模糊 ANP&TOPSIS	采用模糊 ANP 来评估供应商；采用 TOPSIS 来进行供应商排序
Büyüközkan（2012）	模糊 DEMATEL&模糊 ANP&模糊 TOPSIS	提出了基于模糊 DEMATEL、模糊 ANP 和模糊 TOPSIS 的绿色供应商评估方法
Lin（2012）	模糊 ANP &模糊 LP	采用模糊 ANP 分析选择标准之间的相互依赖性并识别最佳供应商；将模糊 ANP 与模糊多目标线性规划相结合，选择最佳供应商，以实现模糊环境下的最优订单分配
Huang 等（2013）	模糊 ANP&GP& De Novo 规划	利用模糊 ANP-GP 选择最佳供应商，并确定最佳订单数量；然后采用基于 De Novo 规划的方法对所选供应商进行评估

B3.3 混合 TOPSIS 和混合模糊 TOPSIS（表 B-15）：SWOT&DEA&TOPSIS（1 篇），TOPSIS&LP（1 篇），TOPSIS&博弈论（1 篇），DEA&TOPSIS&LP（1 篇），TOPSIS&GP（1 篇），Taguchi loss 函数& TOPSIS&GP（1 篇），模糊 TOPSIS&GP（1 篇），模糊 TOPSIS&LP（1 篇）。

表 B-15 混合 TOPSIS 和混合模糊 TOPSIS

文献	方法	主要贡献
Chen（2011）	SWOT&DEA&TOPSIS	利用 SWOT 来识别企业竞争策略以建立标准；利用 DEA 和 TOPSIS 来筛选和评估供应商
Feng（2012）	TOPSIS&LP	扩展 TOPSIS 使其能够处理数值、区间数和语言变量；使用双目标 0-1 线性规划模型来选择所需的供应商组合，用以最小化供应商数量和最大化供应商绩效
Kermani 等（2012）	TOPSIS&博弈论	将 TOPSIS 和序数博弈理论的扩展进行结合，找到了选择合适供应商的纳什均衡
Dotoli 等（2012）	DEA&TOPSIS&LP	对 DEA 进行层次化扩展来评估供应商的效率；使用 TOPSIS 对供应商进行排序；使用线性规划方法来确定订单数量
Kasirian 等（2013）	TOPSIS&GP	提出了一种结合 TOPSIS 和优先权目标规划模型的混合方法，并考虑了决策标准间的依赖性；比较了模型和 AHP 的结果，得出该模型具有较高的采购总价值和相同的采购总成本
Sharma 等（2013）	Taguchi loss 函数&TOPSIS&GP	利用 Taguchi loss 函数识别损失；利用 TOPSIS 计算权重及因子；建立多标准目标规划模型以识别最佳供应商；将该方法与 DEA 进行比较
Liao 等（2011）	模糊 TOPSIS &GP	将模糊 TOPSIS 和多标准目标规划模型结合用于解决供应商选择问题
Kilic（2013）	模糊 TOPSIS&LP	将模糊 TOPSIS 和混合整数线性规划模型结合用于解决供应商选择问题

B3.4 混合数学规划（表 B-16）：非线性规划&交互式 Tchebycheff 加权（1 篇），DEA&多目标规划（1 篇），LP&GA&禁忌搜索（1 篇），灰度关系分析&LP（1 篇），模糊集合论&LP（1 篇），GA&灰度 GP（1 篇），GA&多目标非线性规划（1 篇），OWA 算子&LP（1 篇），模糊 DEA& PROMETHEE（1 篇）。

表 B-16 混合数学规划

文献	方法	主要贡献
Cakravastia 等（2004）	非线性规划&交互式 Tchebycheff 加权	该模型可用于生成不同类型的有效备选方案，以支持每个谈判阶段的谈判过程；将交互式 Tchebycheff 法与 Benders 分解技术相结合
Jafari 等（2010）	DEA&多目标规划	使用 DEA 确定供应商和运输备选方案的相对效率；使用多目标混合整数规划确定订单分配
Luo 等（2011）	LP&GA&禁忌搜索	建立混合整数非线性规划模型，使总产品总利润最大化；建立了结合遗传算法的线性规划模型用以求解优化模型。产品设计时考虑供应商选择

续表

文献	方法	主要贡献
Lin 等（2011）	灰度关系分析&LP	提出了一种业务流程再造模型，包括灰度关系分析和 LP 两部分：应用灰度关系分析对备选方案进行排序，然后采用 LP 模型分析最优订货量
Amin 等（2012）	模糊集合论&LP	提出了一个两阶段模型：闭环供应链中供应商评估的模糊方法和一个多目标混合整数线性规划模型以确定供应商、翻新地点和零件数量
Sadeghieh 等（2012）	GA&灰度 GP	提出了一种结合遗传算法和灰度目标规划模型的综合方法来解决零件供应商选择问题
Rezaei 等（2012a）	GA&多目标非线性规划	利用多目标非线性规划模型对总利润、不一致性和不足性问题进行建模；提出了一种新的遗传算法 NSGA-Ⅱ，给出了若干帕累托最优解；将 NSGA-Ⅱ和 SPEA2 进行了比较
Rostamiyan 等（2013）	OWA 算子&LP	提出了一种求解供应商选择问题的 OWA 算子权重法；利用线性规划模型计算决策单元的效率等级
Radfar 等（2014）	模糊 DEA&PROMETHEE	采用模糊 DEA 来评估供应商；采用 PROMETHEE 对供应商排序

B3.5 基于混合理论的方法（表 B-17）：灰度关系分析&粗糙集合论（1 篇），模糊认知图&模糊软集合模型（1 篇），模糊 C-means&粗糙集合论（1 篇），自组织映射&粗糙集合论&贝叶斯信念网络（1 篇）。

表 B-17 基于混合理论的方法

文献	方法	主要贡献
Samantra 等（2011）	灰度关系分析&粗糙集合论	将灰度关系分析与粗糙集合论结合进行供应商选择
Xiao 等（2012）	模糊认知图&模糊软集合模型	针对供应商选择问题，结合模糊认知图和模糊软集合模型，同时考虑标准和不确定性之间的依赖性和反馈
Omurca（2013）	模糊 C-means &粗糙集合论	提出了一种将模糊 C-means 与粗糙集合论相结合的供应商评估、选择和开发问题的混合方法
Chang（2013）	自组织映射&粗糙集合论&贝叶斯信念网络	采用三种智能方法解决供应商选择问题：根据供应商的评价标准，将自组织映射应用于集群供应商；用 RST 对每个集群进行表征，识别每个集群的平均绩效；开发基于贝叶斯信念网络的多代理系统，寻找最佳供应商，完善策略

参 考 文 献

Aczel J, Saaty T L, 1983. Procedures for synthesizing ratio judgements. Journal of Mathematical Psychology, 27(1): 93-102.

Agarwal G, Vijayvargy L, 2013. Modeling of intangibles: an application in supplier selection in supply chain - a case study of multinational food industry. International Journal of Management and Innovation, 5(1): 61-79.

Aghai S, Mollaverdi N, Sabbagh M S, 2014. A fuzzy multi-objective programming model for supplier selection with volume discount and risk criteria. The International Journal of Advanced Manufacturing Technology, 71(5-8): 1483-1492.

Ahmady N, Azadi M, Sadeghi S A H, et al, 2013. A novel fuzzy data envelopment analysis model with double frontiers for supplier selection. International Journal of Logistics Research and Applications, 16(2): 87-98.

Aissaoui N, Haouari M, Hassini E, 2007. Supplier selection and order lot sizing modeling: a review. Computers & Operations Research, 34(12): 3516-3540.

Alinezad A, Seif A, Esfandiari N, 2013. Supplier evaluation and selection with QFD and FAHP in a pharmaceutical company. The International Journal of Advanced Manufacturing Technology, 68(1-4): 355-364.

Amid A, Ghodsypour S H, O'Brien C, 2006. Fuzzy multiobjective linear model for supplier selection in a supply chain. International Journal of Production Economics, 104(2): 394-407.

Amid A, Ghodsypour S H, O'Brien C, 2009. A weighted additive fuzzy multiobjective model for the supplier selection problem under price breaks in a supply chain. International Journal of Production Economics, 121(2): 323-332.

Amin S H, Zhang G, 2012. An integrated model for closed-loop supply chain configuration and supplier selection: multi-objective approach. Expert Systems with Applications, 39(8): 6782-6791.

Amindoust A, Ahmed S, Saghafinia A, et al, 2012. Sustainable supplier selection: a ranking model based on fuzzy inference system. Applied Soft Computing, 12(6): 1668-1677.

Amin-Tahmasbi H, Alfi S, 2018. A fuzzy multi-criteria decision model for integrated suppliers selection and optimal order allocation in the green supply chain. Decision Science Letters, 7(4): 549-566.

Anderson J C, Narus J A, 1990. A model of distributor firm and manufacturer firm working partnerships. Journal of Marketing, 54(1): 42-58.

Arikan F, 2013. A fuzzy solution approach for multi objective supplier selection. Expert Systems with Applications, 40(3): 947-952.

Athawale V M, Chakraborty S, 2011. Application of grey relational analysis method in solving supplier selection problems. The IUP Journal of Operations Management, 10(1): 18-28.

Athawale V M, Mukherjee P, Chakraborty S, 2009. Supplier selection using multi-criteria decision-making methods. The IUP Journal of Operations Management, 8(3-4): 41-60.

Aydın K G, İlhan S, Özkan C, 2010. The fuzzy ART algorithm: a categorization method for supplier evaluation and selection. Expert Systems with Applications, 37(2): 1235-1240.

Azadnia A H, Saman M Z M, Wong K Y, 2014. Sustainable supplier selection and order lot-sizing: an integrated multi-objective decision-making process. International Journal of Production Research, 53(2): 383-408.

Büyüközkan G, 2012. An integrated fuzzy multi-criteria group decision-making approach for green supplier evaluation. International Journal of Production Research, 50(11): 2892-2909.

Baležentis A, Baležentis T, 2011. An innovative multi-criteria supplier selection based on two-tuple MULTIMOORA and hybrid data. Economic Computation & Economic Cybernetics Studies & Research, 45(2): 37-56.

Barratt M, 2004. Understanding the meaning of collaboration in the supply chain. Supply Chain Management, 9(1): 30-42.

Barua A, Ravindran S, Whinston A B, 1997. Efficient selection of suppliers over the internet. Journal of Management Information Systems, 13(4): 117-137.

Basne C, Weintraub A, 2009. A genetic algorithm for a bicriteria supplier selection problem. International Transactions in Operational Research, 16(2): 173-187.

Bayazit O, 2006. Use of analytic network process in vendor selection decisions. Benchmarking: an International Journal, 13(5): 566-579.

Bennett D, Klug F, 2012. Logistics supplier integration in the automotive industry. International Journal of Operations & Production Management, 32(11): 1281-1305.

Benton W C, Maloni M, 2005. The influence of power driven buyer/seller relationships on supply chain satisfaction. Journal of Operations Management, 23(1): 1-22.

Benyoucef L, Xie X, Tanonkou G A, 2013. Supply chain network design with unreliable suppliers: a Lagrangian relaxation-based approach. International Journal of Production Research, 51(21): 6435-6454.

Bevilacqua M, Ciarapica F E, Giacchetta G, 2006. A fuzzy-QFD approach to supplier selection. Journal of Purchasing and Supply Management, 12(1): 14-27.

Bevis T, 2012. Java Design Pattern Essentials(2nd ed.), Southend-on-Sea, United Kingdom: Ability First Limited.

Bichescu B C, Fry M J, 2009. Vendor-managed inventory and the effect of channel power. OR Spectrum, 31(1): 195-228.

Blau P M, 1964. Exchange and power in social life, New York: J. Wiley.

Boran F E, Genc S, Kurt M, et al, 2009. A multi-criteria intuitionistic fuzzy group decision making for supplier selection with TOPSIS method. Expert Systems with Applications, 36(8): 11363-11368.

Bowersox D J, Closs D J, Stank T P, 1999. 21st Century Logistics: Making Supply Chain Integration a Reality, Michigan State: Council of Logistics Management.

Brito R P, Miguel P L S, 2017. Power, governance, and value in collaboration: differences between buyer and supplier perspectives. Journal of Supply Chain Management, 53(2): 61-87.

Brown J R, Lusch R F, Nicholson C Y, 1996. Power and relationship commitment: their impact on marketing channel member performance. Journal of Retailing, 71(4): 363-392.

Brusset X, Teller C, 2017. Supply chain capabilities, risks, and resilience. International Journal of Production Economics, 184, 59-68.

Buckley J J, 1985. Fuzzy hierarchical analysis. Fuzzy Sets and Systems, 17(3): 233-247.

Büyüközkan G, 2012. An integrated fuzzy multi-criteria group decision-making approach for green supplier evaluation. International Journal of Production Research, 50(11): 2892-2909.

Büyüközkan G, Cifci G, 2012. A novel hybrid MCDM approach based on fuzzy DEMATEL, fuzzy ANP and fuzzy TOPSIS to evaluate green suppliers. Expert Systems with Applications, 39(3): 3000-3011.

Çağliyan V, 2011. The level of meeting supplier selection criteria by the sub-industry: the case of turkish automotive industry. Suleyman Demirel University Journal of Faculty of Economics & Administrative Sciences, 16(3): 467-478.

Cai S, Goh M, de Souza R, et al, 2013. Knowledge sharing in collaborative supply chains: twin effects of trust and power. International Journal of Production Research, 51(7): 2060-2076.

Cakravastia A, Takahashi K, 2004. Integrated model for supplier selection and negotiation in a make-to-order environment. International Journal of Production Research, 42(21): 4457-4474.

Caniëls M C, Gelderman C J, 2007. Power and interdependence in buyer supplier relationships: a purchasing portfolio approach. Industrial Marketing Management, 36(2): 219-229.

Caniëls M C, Roeleveld, A, 2009. Power and dependence perspectives on outsourcing decisions. European Management Journal, 27(6): 402-417.

Cao Y, Luo X, Kwong C K, et al, 2014. Supplier pre-selection for platform-based products: a multi-objective approach. International Journal of Production Research, 52(1): 1-19.

Chai J, Liu J N K, Ngai E W T, 2013. Application of decision-making techniques in supplier selection: a systematic review of literature. Expert Systems with Applications, 40(10): 3872-3885.

Chamodrakas I, Batis D, Martakos D, 2010. Supplier selection in electronic marketplaces using satisficing and fuzzy AHP. Expert Systems with Applications, 37(1): 490-498.

Chan F T S, 2003. Interactive selection model for supplier selection process: an analytical hierarchy process approach. International Journal of Production Research, 41(15): 3549-3579.

Chan F T S, Chan H K, 2004. Development of the supplier selection model: a case study in the advanced technology industry. Proceedings of the Institution of Mechanical Engineers, Part B: Journal of Engineering Manufacture, 218(12): 1807-1824.

Chan F T S, Chan H K, 2010. An AHP model for selection of suppliers in the fast changing fashion market. The International Journal of Advanced Manufacturing Technology, 51(9-12): 1195-1207.

Chan F T S, Kumar N, 2007. Global supplier development considering risk factors using fuzzy extended AHP-based approach. Omega, 35(4): 417-431.

Chan F T S, Kumar N, Tiwari M K, et al, 2008. Global supplier selection: a fuzzy-AHP approach. International Journal of Production Research, 46(14): 3825-3857.

Chang B, Chang C W, Wu C H, 2011. Fuzzy DEMATEL method for developing supplier selection criteria. Expert Systems with Applications, 38(3): 1850-1858.

Chang C H, 2013. An intelligent supplier selection system based on self organizing map, rough set theory, and bayesian belief network. International Journal of Electronic Business Management, 11(2): 100-112.

Chang C T, Chen H M, Zhuang Z Y, 2014. Integrated multi-choice goal programming and multi-segment goal programming for supplier selection considering imperfect-quality and price-quantity discounts in a multiple sourcing environment. International Journal of Systems Science, 45(5): 1101-1111.

Chaudhry S S, 1993. Vendor selection with price breaks. European Journal of Operational Research, 70(2): 52-66.

Chaurasia S, 2014. An empirical analysis of power in retailer-manufacturer supply chain relationship: a resource dependency perspective. IUP Journal of Supply Chain Management, 11(1): 52-66.

Che Z H, 2010. A genetic algorithm-based model for solving multi-period supplier selection problem with assembly sequence. International Journal of Production Research, 48(15): 4355-4377.

Che Z H, Chiang T A, Tu C, et al, 2010. A supplier selection model for product design changes. International Journal of Electronic Business Management, 8(1): 20-30.

Chen C T, Lin C T, Huang S F, 2006. A fuzzy approach for supplier evaluation and selection in supply chain management. International Journal of Production Economics, 102(2): 289-301.

Chen P S, Wu M T, 2013. A modified failure mode and effects analysis method for supplier selection problems in the supply chain risk environment: a case study. Computers & Industrial Engineering, 66(4): 634-642.

Chen Y H, Chao R J, 2012. Supplier selection using consistent fuzzy preference relations. Expert Systems with Applications, 39(3): 3233-3240.

Chen Y J, 2011. Structured methodology for supplier selection and evaluation in a supply chain. Information Sciences, 181(9): 1651-1670.

Cho D S, Chu W, 1994. Determinants of bargaining power in OEM negotiations. Industrial Marketing Management, 23(4): 343-355.

Choi T Y, Hartley J L, 1996. An exploration of supplier selection practices across the supply chain. Journal of Operations Management, 14(4): 333-343.

Chou S, Chang Y, 2008. A decision support system for supplier selection based on a strategy-aligned fuzzy SMART approach. Expert Systems with Applications, 34(4): 2241-2253.

Choudhary D, Shankar R, 2014. A goal programming model for joint decision making of inventory lot-size, supplier selection and carrier selection. Computers & Industrial Engineering, 71(1): 1-9.

Christopher M, 2011. Logistics, the supply chain and competitive strategy logistics & supply chain management(fourth ed.). Harlow: Pearson Education.

Clark K B, Fujimoto T, 1991. Product development performance: strategy, organization, and management in the world auto industry. Boston: Harvard Business Shool Press.

Cool K, Henderson J, 1998. Power and firm profitability in supply chains: French manufacturing industry in 1993. Strategic Management Journal, 19(10): 909-926.

Costantino N, Dotoli M, Falagario M, et al, 2011. Using fuzzy decision making for supplier selection in public procurement. Journal of Public Procurement, 11(3): 403-427.

Cox A, 1999. Power, value and supply chain management. Supply Chain Management: An International Journal, 4(4): 167-175.

Cox A, 2001. Understanding buyer and supplier power: a framework for procurement and supply competence. Journal of Supply Chain Management, 37(1): 8-15.

Cox A, 2004. The art of the possible: relationship management in power regimes and supply chains. Supply Chain Management: An International Journal, 9(5): 346-356.

Cox A, Sanderson J, Watson G, 2001. Supply chains and power regimes: toward an analytic framework for managing extended networks of buyer and supplier relationships. Journal of Supply Chain Management, 37(1): 28-35.

Dahl R, 1957. The concept of power. Systems Research and Behavioral Science, 2(3): 201-215.

Dai J, Blackhurst J, 2012. A four-phase AHP-QFD approach for supplier assessment: a sustainability perspective. International Journal of Production Research, 50(19): 5474-5490.

Das A, Narasimhan R, Talluri S, 2006. Supplier integration - finding an optimal configuration. Journal of Operations Management, 24(5): 563-582.

de Boer L, Labro E, Morlacchi P, 2001. A review of methods supporting supplier selection. European Journal of Purchasing & Supply Management, 7(2): 75-89.

de Boer L, van der Wegen L, Telgen J, 1998. Outranking methods in support of supplier selection. European Journal of Purchasing & Supply Managemen, 4(2-3): 109-118.

Degraeve Z, Labro E, Roodhooft F, 2000. An evaluation of vendor selection models from a total cost of ownership perspective. European Journal of Operational Research, 125(1): 24-58.

Demirtas E A, Üstün Ö, 2008. An integrated multiobjective decision making process for supplier selection and order allocation. Omega, 36(1): 76-90.

Deng S, Aydin R, Kwong C K, et al, 2014a. Integrated product line design and supplier selection: a multi-objective optimization paradigm. Computers & Industrial Engineering, 70: 150-158.

Deng X, Hu Y, Deng Y, et al, 2014b. Supplier selection using AHP methodology extended by D numbers. Expert Systems with Applications, 41(1): 156-167.

Dickson G W, 1966. An analysis of vendor selection systems and decisions. Journal of Purchasing, 2(1): 5-17.

Ding H, Benyoucef L, Xie X, 2005. A simulation optimization methodology for supplier selection problem. International Journal of Computer Integrated Manufacturing, 18(2-3): 210-224.

Dong Y, Zhang G, Hong W C, et al, 2010. Consensus models for AHP group decision making under row geometric mean prioritization method. Decision Support Systems, 49(3): 281-289.

Dotoli M, Falagario M, et al, 2012. A hierarchical model for optimal supplier selection in multiple sourcing contexts. International Journal of Production Research, 50(11): 953-967.

Dulmin R, Mininno V, et al, 2003. Supplier selection using a multi-criteria decision aid method. Journal of Purchasing and Supply Management, 9(4): 177-187.

Dursun M, Karsak E E, 2013. A QFD-based fuzzy MCDM approach for supplier selection. Applied Mathematical Modelling, 37(8): 5864-5875.

Echtelt F E A V, Wynstra F, Weele A J V, et al, 2008. Managing supplier involvement in new product development: a multiple-case study. Journal of Product Innovation Management, 25(2): 180-201.

Eckert C M, Stacey M K, Clarkson P J, 2003. The spiral of applied research: a methodological view on integrated design research. Paper Presented at the 14th International Conference on Engineering Design.

Eckert C, Stacey M K, Clarkson P J, 2004. The lure of the measurable in design research. Paper Presented at the 8th International Design Conference.

Ekici A, 2013. An improved model for supplier selection under capacity constraint and multiple criteria. International Journal of Production Economics, 141(2): 574-581.

El-Ansary A I, Stern L W, 1972. Power measurement in the distribution channel. Journal of Marketing Research, 9(1): 47-52.

Emerson R M, 1962. Power-dependence relations. American Sociological Review, 27(1): 31-41.

Ertay T, Kahveci A, Tabanlı R M, 2011. An integrated multi-criteria group decision-making approach to efficient supplier selection and clustering using fuzzy preference relations. International Journal of Computer Integrated Manufacturing, 24(12): 1152-1167.

Etgar M, 1976. Channel domination and countervailing power in distributive channels. Journal of Marketing Research, 13(3): 254-262.

Facchinetti G, Ricci R G, Muzzioli S, 1998. Note on ranking fuzzy triangular numbers. International Journal of Intelligent Systems, 13(7): 613-622.

Falsini D, Fondi F, Schiraldi M M, 2012. A logistics provider evaluation and selection methodology based on AHP, DEA and linear programming integration. International Journal of Production Research, 50(17): 4822-4829.

Farzipoor S R, 2010. Developing a new data envelopment analysis methodology for supplier selection in the presence of both undesirable outputs and imprecise data. The International Journal of Advanced Manufacturing Technology, 51(9-12): 1243-1250.

Fazlollahtabar H, Mahdavi I, Ashoori M T, et al, 2010. A multi-objective decision-making process of supplier selection and order allocation for multi-period scheduling in an electronic market. The International Journal of Advanced Manufacturing Technology, 52(9-12): 1039-1052.

Fekete Z A, Hancu L V, 2010. A supplier selection model for software development outsourcing. Annals of the University of Oradea(Economic Science Series), 1(2): 1190-1195.

Feng B, 2012. Multisourcing suppliers selection in service outsourcing. Journal of the Operational Research Society, 63(5): 582-596.

Ferreira L, Borenstein D, 2012. A fuzzy-Bayesian model for supplier selection. Expert Systems with Applications, 39(9): 7834-7844.

French J R P J, Raven B, 1959. The bases of social power. In D. Cartwright(Ed.), Studies in Social Power, Ann Anbor: University of Michigan Press.

Ganesan S, 1994. Determinants of long-term orientation in buyer-seller relationships. Journal of Marketing, 58(2): 1-19.

García N, Puente J, Fernández I, et al, 2013. Supplier selection model for commodities procurement. Optimised assessment using a fuzzy decision support system. Applied Soft Computing, 13(4): 1939-1951.

Genovese A, Lenny K S C, Bruno G, 2013. Greener supplier selection: state of the art and some empirical evidence. International Journal of Production Research, 51(10): 2868-2886.

Gericke K, Eckert C, Stacey M, 2017. What do we need to say about a design method? 21th International Conference on Engineering Design Vancouver.

Ghodsypour S H, O'Brien C, 2001. The total cost of logistics in supplier selection, under conditions of multiple sourcing, multiple criteria and capacity constraint. International Journal of Production Economics, 73(1): 15-27.

Ghodsypour S H, O'Brien C, 1998. A decision support system for supplier selection using an integrated analytic hierarchy process and linear programming. International Journal of Production Economics, 56-57: 199-212.

Gholipour R, Jandaghi G, Rajaei R, 2014. Contractor selection in MCDM context using fuzzy AHP. Iranian Journal of Management Studies, 7(1): 151-173.

Ghorbani M, Mohammad A S, Shahin A, 2013. A novel approach for supplier selection based on the Kano model and fuzzy MCDM. International Journal of Production Research, 51(18): 5469-5484.

Gnanasekaran S, Velappan S A S, 2008. Development of a supplier selection system by combining analytic hierarchy process and grey relational analysis: an automobile industry case study. ICFAI Journal of supply chain management, 4(4): 82-94.

Gunasekaran A, Irani Z, Choy K L, et al, 2015. Performance measures and metrics in outsourcing decisions: a review for research and applications. International Journal of Production Economics, 161: 153-166.

Gunasekaran A, Patel C, McGaughey R E, 2004. A framework for supply chain performance measurement. International Journal of Production Economics, 87(3): 333-347.

Guneri A F, Kuzu A, 2009. Supplier selection by using a fuzzy approach in just-in-time: a case study. International Journal of Computer Integrated Manufacturing, 22(8): 774-783.

Ha S H, Krishnan R, 2008. A hybrid approach to supplier selection for the maintenance of a competitive supply chain. Expert Systems with Applications, 34(2): 1303-1311.

Hadi-Vencheh A, 2011. A new nonlinear model for multiple criteria supplier-selection problem. International Journal of Computer Integrated Manufacturing, 24(1): 32-39.

Hadi-Vencheh A, Niazi-Motlagh M, 2011. An improved voting analytic hierarchy process-data envelopment analysis methodology for suppliers selection. International Journal of Computer Integrated Manufacturing, 24(3): 189-197.

Handfield R, Walton S V, Sroufe R, et al, 2002. Applying environmental criteria to supplier assessment: a study in the application of the analytical hierarchy process. European Journal of Operational Research, 141(1): 70-87.

Harland C M, 1996. Supply chain management: relationships, chains and networks. British Journal of Management, 7(Suppl1): S63-S80.

Helander A, Möller K, 2008. System supplier's roles from equipment supplier to performance provider. Journal of Business & Industrial Marketing, 23(8): 577-585.

Herbon A, Moalem S, Shnaiderman H, et al, 2012. Dynamic weights approach for off - line sequencing of supplier selection over a finite planning horizon. International Journal of Physical Distribution & Logistics Management, 42(5): 434-463.

Ho W, Xu X, Dey P K, 2010. Multi-criteria decision making approaches for supplier evaluation and selection: a literature review. European Journal of Operational Research, 202(1): 16-24.

Hobbes T, 1651. Leviathan, Part I: “Of Man”, Chapters 10-16. [s.1.]: [s.n.].

Holcomb T R, Hitt M A, 2007. Toward a model of strategic outsourcing. Journal of Operations Management, 25(2): 464-481.

Hsu B M, Chiang C Y, Shu M H, 2010. Supplier selection using fuzzy quality data and their applications to touch screen. Expert Systems with Applications, 37(9): 6192-6200.

Hsu C C, Kannan V R, Keong L G, et al, 2006. Supplier selection construct: instrument development and validation. The International Journal of Logistics Management, 17(2): 213-239.

Hu X, Munson C L, Fotopoulos S B, 2012. Purchasing decisions under stochastic prices: approximate solutions for order time, order quantity and supplier selection. Annals of Operations Research, 201(1): 287-305.

Huang J D, Hu M H, 2013. Two-stage solution approach for supplier selection: a case study in a Taiwan automotive industry. International Journal of Computer Integrated Manufacturing, 26(3): 237-251.

Huang S H, Keskar H, 2007. Comprehensive and configurable metrics for supplier selection. International Journal of Production Economics, 105(2): 510-523.

Humphreys P, McCloskey A, McIvor R, et al, 2006. Employing dynamic fuzzy membership functions to assess environmental performance in the supplier selection process. International Journal of Production Research, 44(12): 2379-2419.

Hunt S D, Nevin J R, 1974. Power in a channel of distribution: sources and consequences. Journal of Marketing Research, 11(2): 186-193.

Huo B, Flynn B B, Zhao X, 2017. Supply chain power configurations and their relationship with performance. Journal of Supply Chain Management, 53(2): 88-111.

Hwang C L, Yoon K, 1981. Multiple attribute decision making, methods and applications. New York: Springer-Verlag.

Inemek A, Tuna O, 2009. Global supplier selection strategies and implications for supplier performance: turkish suppliers' perception. International Journal of Logistics Research and Applications, 12(5): 381-406.

Ireland R D, Webb J W, 2007. A multi-theoretic perspective on trust and power in strategic supply chains. Journal of Operations Management, 25(2): 482-497.

Jadidi O, Zolfaghari S, Cavalieri S, 2014. A new normalized goal programming model for multi-objective problems: a case of supplier selection and order allocation. International Journal of Production Economics, 148: 158-165.

Jafari S M, Tavana M, Azadeh A, et al, 2010. A supplier selection and order allocation model with multiple transportation alternatives. The International Journal of Advanced Manufacturing Technology, 52(1-4): 365-376.

Jain V, Wadhwa S, Deshmukh S G, 2007. Supplier selection using fuzzy association rules mining approach. International Journal of Production Research, 45(6): 1323-1353.

Jajimoggala S, Raob V V S K, Beela S, 2011. Supplier evaluation using fuzzy analytical network process and fussy TOPSIS. Jordan Journal of Mechanical and Industrial Engineering, 5(6): 543-551.

Jarratt T A W, 2004. A model-based approach to support the management of engineering change. Cambridge: University of Cambridge.

Jeon J, Lee H, Park Y, 2011. Implementing technology roadmapping with supplier selection for semiconductor manufacturing companies. Technology Analysis & Strategic Management, 23(8): 899-918.

Johnsen T E, 2009. Supplier involvement in new product development and innovation: taking stock and looking to the future. Journal of Purchasing & Supply Management, 15(3): 187-197.

Kabir G, Sumi R S, 2010. An ontology-based intelligent system with AHP to support supplier selection. Suranaree J. Sci. Technol, 17(3): 249-257.

Kähkönen A K, Virolainen V M, 2011. Sources of structural power in the context of value nets. Journal of Purchasing and Supply Management, 17(2): 109-120.

Kahraman C, Cebeci U, Ulukan Z, 2003. Multi - criteria supplier selection using fuzzy AHP. Logistics Information Management, 16(6): 382-394.

Kamath R R, Liker J K, 1994. A second look at Japanese product development. Harvard Business Review: 154-170.

Kang H Y, Lee A H I, Yang C Y, 2012. A fuzzy ANP model for supplier selection as applied to IC packaging. Journal of Intelligent Manufacturing, 23(5): 1477-1488.

Kannan D, Khodaverdi R, Olfat L, et al, 2013. Integrated fuzzy multi criteria decision making method and multi-objective programming approach for supplier selection and order allocation in a green supply chain. Journal of Cleaner Production, 47: 355-367.

Kaplinsky R, Morris M, 2001. Chapter 2 What is a value chain A handbook for value chain research. [s.1.]: IDRC Ottawa.

Karande P, Chakraborty S, 2012. Decision making for supplier selection using the MOORA method. The IUP Journal of Operations Management, 11(2): 6-18.

Karsak E E, Dursun M, 2016. Taxonomy and review of non-deterministic analytical methods for supplier selection. International Journal of Computer Integrated Manufacturing, 29(3): 263-286.

Kasirian M N, Yusuff R M, 2013. An integration of a hybrid modified TOPSIS with a PGP model for the supplier selection with interdependent criteria. International Journal of Production Research, 51(4): 1037-1054.

Ke W, Liu H, Wei K K, et al, 2009. How do mediated and non-mediated power affect electronic supply chain management system adoption? The mediating effects of trust and institutional pressures. Decision Support Systems, 46(4): 839-851.

Kermani M A M A, Navidi H, Alborzi F, 2012. A novel method for supplier selection by two competitors, including multiple criteria. International Journal of Computer Integrated Manufacturing, 25(6): 527-535.

Khorramshahgol R, 2012. An integrated strategic approach to supplier evaluation and selection. International Journal of Information Technology & Decision Making, 11(1): 55-76.

Kilic H S, 2013. An integrated approach for supplier selection in multi-item/multi-supplier environment. Applied Mathematical Modelling, 37(14-15): 7752-7763.

Kim D Y, Wagner S M, 2012. Supplier selection problem revisited from the perspective of product configuration. International Journal of Production Research, 50(11): 2864-2876.

Kim D, Cavusgil S T, Calantone R J, 2006. Information system innovations and supply chain management: channel relationships and firm performance. Journal of the Academy of Marketing Science, 34(1): 40-54.

Kim M, Boo S, 2010. Understanding supplier-selection criteria: meeting planners' approaches to selecting and maintaining suppliers. Journal of Travel & Tourism Marketing, 27(5): 507-518.

Kleindorfer P R, Kunreuther H, Schoemaker P J H, 1993. Decision sciences: an integrative perspective. New Jersey: Cambridge University Press.

Klir G, Yuan B, 1995. Fuzzy sets and fuzzy logic. New Jersey: Prentice Hall.

Koufteros X, Vickery S K, Dröge C, 2012. The effects of strategic supplier selection on buyer competitive performance in matched domains: does supplier integration mediate the relationships? Journal of Supply Chain Management, 48(2): 93-115.

Kulshrestha R, Kulshrestha M, Bhatnagar S P, et al, 2007. Supplier performance evaluation and selection in the herbal industry. Supply Chain Forum, 8(1): 46-55.

Kumar A, Jain V, Kumar S, 2014. A comprehensive environment friendly approach for supplier selection. Omega, 42(1): 109-123.

Kumar M, Vrat P, Shankar R, 2004. A fuzzy goal programming approach for vendor selection problem in a supply chain. Computers & Industrial Engineering, 46(1): 69-85.

Kumar N, Scheer L K, Steenkamp J B E, 1995. The effects of perceived interdependence on dealer attitudes. Journal of Marketing Research, 32(3): 348-356.

Kuo R J, Lin Y J, 2012. Supplier selection using analytic network process and data envelopment analysis. International Journal of Production Research, 50(11): 2852-2863.

Kwak T C, Kim J S, Moon C, 2006. Supplier-buyer models for the bargaining process over a long-term replenishment contract. Computers & Industrial Engineering, 51(2): 219-228.

La Londe B J, Masters J M, 1994. Emerging logistics strategies: blueprints for the next century. International Journal of Physical Distribution & Logistics Management, 24(7): 35-47.

Labib A W, 2011. A supplier selection model: a comparison of fuzzy logic and the analytic hierarchy process. International Journal of Production Research, 49(21): 6287-6299.

Lambert D M, Cooper M C, Pagh J D, 1998. Supply chain management: implementation issues and research opportunities. The International Journal of Logistics Management, 9(2): 1-20.

Laseter T M, Ramdas K, 2002. Product types and supplier roles in product development: an exploratory analysis. Engineering Management, IEEE Transactions on Engineering Management, 49(2): 107-118.

Lee A H I, 2009. A fuzzy supplier selection model with the consideration of benefits, opportunities, costs and risks. Expert Systems with Applications, 36(2): 2879-2893.

Li F, Li L, Jin C, et al, 2012a. A 3PL supplier selection model based on fuzzy sets. Computers & Operations Research, 39(8): 1879-1884.

Li G D, Yamaguchi D, Nagai M, 2007. A grey-based decision-making approach to the supplier selection problem. Mathematical and Computer Modelling, 46(3-4): 573-581.

Li Y, Liu X, Chen Y, 2012b. Supplier selection using axiomatic fuzzy set and TOPSIS methodology in supply chain management. Fuzzy Optimization and Decision Making, 11(2): 147-176.

Liao C N, Kao H P, 2011. An integrated fuzzy TOPSIS and MCGP approach to supplier selection in supply chain management. Expert Systems with Applications, 38(9): 10803-10811.

Liao M Y, Wu C W, Wu J W, 2013. Fuzzy inference to supplier evaluation and selection based on quality index: a flexible approach. Neural Computing and Applications, 23(Suppl1): S117-S127.

Likert R, 1932. A technique for the measurement of attitudes. Archives of Psychology, 22(140): 1-55.

Lima J F R, Carpinetti L C R, 2016. Combining SCOR® model and fuzzy TOPSIS for supplier evaluation and management. International Journal of Production Economics, 174: 128-141.

Lima J F R, Osiro L, Carpinetti L C R, 2014. A comparison between Fuzzy AHP and Fuzzy TOPSIS methods to supplier selection. Applied Soft Computing, 21: 194-209.

Lima J F R, Osiro L, Carpinetti L C R, 2013. A fuzzy inference and categorization approach for supplier selection using compensatory and non-compensatory decision rules. Applied Soft Computing, 13(10): 4133-4147.

Lima J F R, Carpinetti L C R, 2017. Quantitative models for supply chain performance evaluation: a literature review. Computers & Industrial Engineering, 113: 333-346.

Lin C T, Chen C B, Ting Y C, 2011. Business process re-engineering for supplier selection in electronics industry. The Journal of Grey System, 2: 175-182.

Lin R H, 2012. An integrated model for supplier selection under a fuzzy situation. International Journal of Production Economics, 138(1): 55-61.

Linn R J, Tsung F, Ellis L W C, 2006. Supplier selection based on process capability and price analysis. Quality Engineering, 18(2): 123-129.

Liou J J H, Chuang Y C, Tzeng G H, 2014. A fuzzy integral-based model for supplier evaluation and improvement. Information Sciences, 266: 199-217.

Liu F, Hai H L, 2005. The voting analytic hierarchy process method for selecting supplier. International Journal of Production Economics, 97(3): 308-317.

Liu H, Ke W, Wei K K, et al, 2015. Influence of power and trust on the intention to adopt electronic supply chain management in China. International Journal of Production Research, 53(1): 70-87.

Liu P, Zhang X, 2011a. Research on the supplier selection of a supply chain based on entropy weight and improved ELECTRE-III method. International Journal of Production Research, 49(3): 637-646.

Liu Y, Eckert C, Bris G Y L, et al, 2019. A fuzzy decision tool to evaluate the sustainable performance of suppliers in an agrifood value chain. Computers & Industrial Engineering, 127: 196-212.

Liu Y, Zolghadri M, 2011b. Power interaction in non-hierarchical supply chain network. Paper Presented at the 17th International Conference on Concurrent Enterprising(ICE).

Lorentz H, Punniyamoorty M, Mathiyalagan P, et al, 2012. A combined application of structural equation modeling(SEM)and analytic hierarchy process(AHP)in supplier selection. Benchmarking: An International Journal, 19(1): 70-92.

Luo X G, Kwong C K, Tang J F, et al, 2011. Integrating supplier selection in optimal product family design. International Journal of Production Research, 49(14): 4195-4222.

Lysons K, Farrington B, 2012. Purchasing and Supply Chain Management(Eight ed.). Harlow: Pearson Education.

Ma R, Yao L, Jin M, et al, 2014. The DEA game cross-efficiency model for supplier selection problem under competition. Applied Mathematics & Information Sciences, 8(2): 811-818.

Mahmoudzadeh M, Bafandeh A R, 2013. A new method for consistency test in fuzzy AHP. Journal of Intelligent & Fuzzy Systems, 25: 457-461.

Mak K L, Cui L X, Su W, 2011. Optimal supplier selection and order allocation for multi-period multi-product manufacturing incorporating customer flexibility. Engineering Letters, 19(4): 331-338.

Maloni M, Benton W C, 2000. Power influences in the supply chain. Journal of Business Logistics, 21(1): 49-74.

Margrabe W, 1978. Value of an option to exchange one asset for another.Journal of Finance, 33(1): 177-186.

Masella C, Rangone A, 2000. A contingent approach to the design of vendor selection systems for different types of co-operative customer/supplier relationships. International Journal of Operations & Production Management, 20(1): 70-84.

McCutcheon D, Stuart F I, 2000. Issues in the choice of supplier alliance partners. Journal of Operations Management, 18(3): 279-301.

Mehralian G, Gatari A R, Morakabati M, et al, 2012. Developing a suitable model for supplier selection based on supply chain risks: an empirical study from Iranian pharmaceutical companies. Iranian Journal of Pharmaceutical Research, 11(1): 209-219.

Mentzer J T, DeWitt W, Keebler J S, et al, 2001. Defining supply chain management. Journal of Business Logistics, 22(2): 1-25.

Mital M, Del G M, Papa A, 2018. Comparing supply chain risks for multiple product categories with cognitive mapping and analytic hierarchy process. Technological Forecasting and Social Change, 131: 159-170.

Mızrak Ö P, Tuna T G, Tuncel M G, 2014. A fuzzy analytic hierarchy process methodology for the supplier selection problem. Journal of Enterprise Information Management, 27(3): 292-301.

Munson C L, Rosenblatt M J, Rosenblatt Z, 1999. The use and abuse of power in supply chains. Business Horizons, 42(1): 55-65.

Naimi S A, Fallah H, Nahavandi N, 2013. A multi-objective supply chain model integrated with location of distribution centers and supplier selection decisions. The International Journal of Advanced Manufacturing Technology, 69(1-4): 225-235.

Narasimhan R, Talluri S, 2006. Multiproduct, multicriteria model for supplier selection with product life-cycle considerations. Decision Sciences, 37(4): 577-603.

Ng E, 2010. Understanding B2B supplier selection relationships: the case of Taiwan agribusinesses. Journal of Business-to-Business Marketing, 17(2): 149-172.

Ng W L, 2008. An efficient and simple model for multiple criteria supplier selection problem. European Journal of Operational Research, 186(3): 1059-1067.

Noorul H A, Kannan G, 2006a. Design of an integrated supplier selection and multi-echelon distribution inventory model in a built-to-order supply chain environment. International Journal of Production Research, 44(10): 1963-1985.

Noorul H A, Kannan G, 2006b. Fuzzy analytical hierarchy process for evaluating and selecting a vendor in a supply chain model. The International Journal of Advanced Manufacturing Technology, 29(7-8): 826-835.

Nyaga G N, Lynch D F, Marshall D, et al, 2013. Power asymmetry, adaptation and collaboration in dyadic relationships involving a powerful partner. Journal of Supply Chain Management, 49(3): 42-65.

Omurca S I, 2013. An intelligent supplier evaluation, selection and development system. Applied Soft Computing, 13(1): 690-697.

Önüt S, Kara S S, Işik E, 2009. Long term supplier selection using a combined fuzzy MCDM approach: a case study for a telecommunication company. Expert Systems with Applications, 36(2): 3887-3895.

Ordoobadi S M, 2009. Development of a supplier selection model using fuzzy logic. Supply Chain Management: an International Journal, 14(4): 314-327.

Pai F Y, Yeh T M, 2010. The effects of inter-firm power and supply partner assessment on supply chain integration. African Journal of Business Management, 4(7): 1308-1319.

Pang B, Bai S, 2013. An integrated fuzzy synthetic evaluation approach for supplier selection based on analytic network process. Journal of Intelligent Manufacturing, 24(1): 163-174.

Pearn W L, Wu C H, 2013. Supplier selection critical decision values for processes with multiple independent lines. Quality and Reliability Engineering International, 29(6): 899-909.

Pearson J N, Ellram L M, 1995. Supplier selection and evaluation in small versus large electronics firms. Journal of Small Business Management, 33(4): 53-65.

Petersen K J, Handfield R B, Ragatz G L, 2005. Supplier integration into new product development: coordinating product, process and supply chain design. Journal of Operations Management, 23(3-4): 371-388.

Petroni A, Panciroli B, 2002. Innovation as a determinant of suppliers' roles and performances: an empirical study in the food machinery industry. European Journal of Purchasing & Supply Management, 8(3): 135-149.

Pfeffer J, Salancik G R, 2003. The external control of organizations: a resource dependence perspective, California, USA: Stanford University Press.

Pickton D W, Wright S, 1998. What's SWOT in strategic analysis?. Strategic change, 7(2): 101-109.

Pidduck A B, 2006. Issues in supplier partner selection. Journal of Enterprise Information Management, 19(3): 262-276.

Pitchipoo P, Venkumar P, Rajakarunakaran S, 2012. A distinct decision model for the evaluation and selection of a supplier for a chemical processing industry. International Journal of Production Research, 50(16): 4635-4648.

Pitchipoo P, Venkumar P, Rajakarunakaran S, 2013. Fuzzy hybrid decision model for supplier evaluation and selection. International Journal of Production Research, 51(13): 3903-3919.

Porter M E, 1979. How competitive forces shape strategy. Harvard Business Review: 137-145.

Porter M E, 2008. The five competitive forces that shape strategy. Harvard Business Review: 79-93.

Qian L, 2014. Market-based supplier selection with price, delivery time, and service level dependent demand. International Journal of Production Economics, 147: 697-706.

Radfar R, Salahi F, 2014. Evaluation and ranking of suppliers with fuzzy DEA and PROMETHEE approach. International Journal of Industrial Mathematics, 6(3): 189-197.

Ramanathan R, 2006. Data envelopment analysis for weight derivation and aggregation in the analytic hierarchy process. Computers & Operations Research, 33(5): 1289-1307.

Ramanathan R, 2007. Supplier selection problem: integrating DEA with the approaches of total cost of ownership and AHP. Supply Chain Management: An International Journal, 12(4): 258-261.

Ratnasingam P, 2000. The influence of power on trading partner trust in electronic commerce. Internet Research, 10(1): 56-63.

Raut R D, 2011. Environmental performance: a hybrid method for supplier selection using AHP-DEA. International Journal of Business Insights & Transformation, 5(1): 16-29.

Raut R D, Bhasin H V, Kamble S S, 2010. Exploring critical criteria for supplier selection by CNG/LPG kit manufacturers in India-selection of suppliers for compressed natural gas and liquefied petroleum gas kit manufacturers: a case study and proposed methodology. International Journal of Business Insights & Transformation, 3(2): 35-45.

Ravindran A R, Ufuk B R, Wadhwa V, et al, 2010. Risk adjusted multicriteria supplier selection models with applications. International Journal of Production Research, 48(2): 405-424.

Razmi J, Rafiei H, 2010. An integrated analytic network process with mixed-integer non-linear programming to supplier selection and order allocation. The International Journal of Advanced Manufacturing Technology, 49(9-12): 1195-1208.

Razmi J, Rafiei H, Hashemi M, 2009. Designing a decision support system to evaluate and select suppliers using fuzzy analytic network process. Computers & Industrial Engineering, 57(4): 1282-1290.

Rezaei J, Davoodi M, 2012a. A joint pricing, lot-sizing, and supplier selection model. International Journal of Production Research, 50(16): 4524-4542.

Rezaei J, Ortt R, 2012b. A multi-variable approach to supplier segmentation. International Journal of Production Research, 50(16): 4593-4611.

Robbins S P, Barnwell N, 2006. Organisation theory: concepts and cases. Australia: Pearson Education.

Rostamiyan E, Tohidi G, Moradifar A, 2013. Supplier selection in supply chain management with OWA operator weights. International Journal of U- and E- Service, Science and Technology, 6(5): 169-180.

Routroy S, 2008. Decision framework for supplier evaluation and selection in supply chain. ICFAI Journal of Supply Chain Management, 5(3): 19-32.

Ruiz-Torres A J, Mahmoodi F, Zeng A Z, 2013. Supplier selection model with contingency planning for supplier failures. Computers & Industrial Engineering, 66(2): 374-382.

Saaty T L, 1980. The analytic hierarchy process: planning, priority setting, resources allocation. New York: McGraw.

Saaty T L, 2001. Decision-making with dependence and feedback: the analytic network process. Pittsburgh: RWS Publications.

Saaty T L, 2008. Relative measurement and its generalization in decision making why pairwise comparisons are central in mathematics for the measurement of intangible factors the analytic hierarchy/network process. RACSAM-Revista de la Real Academia de Ciencias Exactas, Fisicas y Naturales. Serie A. Matematicas, 102(2): 251-318.

Sadeghi M, Rashidzadeh M A, Soukhakian M A, 2012. Using analytic network process in a group decision-making for supplier selection. Informatica, 23(4): 621-643.

Sadeghieh A, Dehghanbaghi M, Dabbaghi A, et al, 2012. A genetic algorithm based grey goal programming(G^3)approach for parts supplier evaluation and selection. International Journal of Production Research, 50(16): 4612-4630.

Samantra C, Datta S, Mahapatra S, et al, 2011. Multi-attribute group decision making for supplier selection using grey analysis and rough set theory. International Journal of Business Insights & Transformation, 5(1): 60-69.